达美乐

创意比萨巨头
如何用科技创新客户体验

THE DOMINO'S STORY

How the Innovative Pizza Giant Used Technology
to Deliver a Customer Experience Revolution

[美] 马西亚·莱顿·特纳（Marcia Layton Turner）著

覃琳 译

电子工业出版社
Publishing House of Electronics Industry
北京·BEIJING

THE DOMINO'S STORY: HOW THE INNOVATIVE PIZZA GIANT USED TECHNOLOGY TO DELIVER A CUSTOMER EXPERIENCE REVOLUTION by MARCIA LAYTON TURNER published by arrangement with HarperCollins Leadership, a division of HarperCollins Focus LLC.

本书中文简体字版权独家授予电子工业出版社。未经许可，不得以任何手段和形式复制或抄袭本书内容。

版权贸易合同登记号　图字：01-2021-1140

图书在版编目（CIP）数据

达美乐：创意比萨巨头如何用科技创新客户体验 /（美）马西亚·莱顿·特纳（Marcia Layton Turner）著；覃琳译 . -- 北京：电子工业出版社，2022.1
书名原文：The Domino's Story：How the Innovative Pizza Giant Used Technology to Deliver a Customer Experience Revolution
ISBN 978-7-121-34424-4

Ⅰ . ①达… Ⅱ . ①马…②覃… Ⅲ . ①企业管理—技术革新—研究—美国 Ⅳ . ① F279.7123

中国版本图书馆 CIP 数据核字（2021）第 244897 号

责任编辑：张振宇
文字编辑：杜　皎
印　　刷：北京联兴盛业印刷股份有限公司
装　　订：北京联兴盛业印刷股份有限公司
出版发行：电子工业出版社
　　　　　北京市海淀区万寿路 173 信箱　　邮编：100036
开　　本：880×1230　1/32　　印张：7　　字数：180 千字
版　　次：2022 年 1 月第 1 版
印　　次：2022 年 1 月第 1 次印刷
定　　价：68.00 元

凡所购买电子工业出版社图书有缺损问题，请向购买书店调换。若书店售缺，请向发行部联系，联系及邮购电话：（010）88254888，88258888。
质量投诉请发邮件至 zlts@phei.com.cn，盗版侵权举报请发邮件至 dbqq@phei.com.cn。
本书咨询联系方式：（010）88254210，influence@phei.com.cn，微信号：yingxianglib

将此书献给达美乐比萨的头号粉丝，我的女儿阿曼达

声　明

如果没有资深研究员伊丽莎白·金的帮助,这本书将无法做到如此完整。感谢阿曼达·特纳帮助我收集资料;感谢桑迪·贝克沃斯如老鹰般敏锐的眼睛;感谢达美乐的员工克斯廷,他常常帮我们送餐,比如手工制作的比萨和八块无骨鸡肉;感谢雅各布·金让我保持写书的节奏;感谢凯文·安德森为我提供写这本书的机会。

1960年
达美尼克·迪瓦提把一家名叫"达美尼克"的小店以大约900美元的价格卖给了莫纳。

1965年
汤姆·莫纳汉将小店改名为达美乐。

1983年
达美乐开始进行国际扩张,在加拿大和澳大利亚开分店。

1990年
达美乐有了第1000位特许

1998年
汤姆·莫纳汉将达美乐卖给了贝恩资产公司。

2004年
达美乐在纽约股票市场上市。

2007年
达美乐连续9年名列《企业家》杂志评选的年度最佳连锁经营企业前十名。

2020年
达美乐国际公司实现连续105个季度的同店销售增长。

2018年
达美乐被评为全球比萨连锁企业的第一名,推出"为比萨修路计划",资助地方政府修复坑洼路面。

2015年
达美乐推出DXP,一辆可以装载80个比萨的定制比萨送餐车。

2012年
达美乐公布新的企业标识设计和比萨剧院商店的设计。

2011年
达美乐首席执行官帕特里克·多伊尔在CNBC(美国消费者新闻与商业频道)2011年的首席执行官评比中名列第一。

2008年
达美乐推出"达美乐追踪者",帮助顾客追踪其订购的比萨的进程。

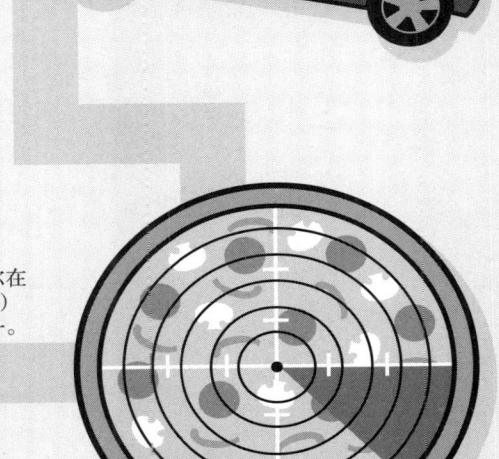

目　录

引　言 …………………………………………… 001

第一章　达美乐的前身——达美尼克 ………… 011
　　谦虚低调的开始 ………………………………… 012
　　生意成长 ………………………………………… 018

第二章　连锁开始 ……………………………… 025
　　第一个达美乐连锁店 …………………………… 027
　　达美乐的特许经营开始起飞 …………………… 030

第三章　大学校园成为主场 …………………… 035
　　早期的特许经营者 ……………………………… 036

密歇根州以外的扩张 ··· 040

第四章　让事情简单 ··· 045
　　一个很简单的菜单 ··· 046
　　对效率的专注 ··· 048
　　供应派送的中心化 ··· 052

第五章　专注派送 ··· 057
　　派送是不容易突破的一个有竞争力的壁垒 ······························· 058
　　派送业务如何成王 ··· 060

第六章　30分钟承诺 ··· 067
　　30分钟承诺的开始 ··· 068
　　关注追求派送速度带来的问题 ··· 070
　　诺伊德首秀 ··· 071

第七章　莫纳汉曾经两度希望卖掉达美乐 ································· 077
　　全国妇女组织的抵制 ··· 078
　　莫纳汉离开 ··· 081
　　莫纳汉回归，重振达美乐，将其卖给贝恩 ······························· 085

第八章　抄袭者如何赶上 089
　　必胜客挤进派送市场 091
　　小恺撒抢占超值的特殊市场份额 093
　　棒约翰：连锁店的后起之秀 095

第九章　竞争白热化 101
　　比萨市场冷却 101
　　广告战开打 103
　　价格战开始 105
　　非比萨竞争 106

第十章　一个损害性的恶搞视频 111
　　艰难时刻 111
　　危机时间线 113
　　危机之后 117

第十一章　一个新时代 121
　　大卫·布兰登在达美乐的职业生涯 121
　　将焦点放在人身上 123
　　增加新产品 124

改善门店经营状况 ………………………… 126
布兰登领导期间的改善之处 ……………… 128

第十二章　帕特里克·多伊尔接任首席执行官 ……… 133
2009 年比萨连锁店的发展 ………………… 134
多伊尔的主要目标 ………………………… 138

第十三章　改变比萨配方 ……………………… 143
尝试新广告活动 …………………………… 144
降低成本失败 ……………………………… 146
改变在路上 ………………………………… 147
对特许经营者的培训 ……………………… 150
重新回到顶峰 ……………………………… 152

第十四章　卖比萨的科技企业 ………………… 157
公司管理采用新技术 ……………………… 157
将焦点放在数据化上 ……………………… 160
全新思维 …………………………………… 164
科技领先 …………………………………… 165
收回科技投资 ……………………………… 169

第十五章　创意广告 ····· 173
将透明作为品牌策略 ····· 174
制造史诗般的转变 ····· 176
新达美乐 ····· 180

第十六章　达美乐夺得第一名 ····· 185
一个按照季度做的分析 ····· 186
销售之外 ····· 189

第十七章　国际机遇 ····· 193
去有增长潜力的地方 ····· 195
为垄断而生的全球视野 ····· 196
全球市场竞争策略 ····· 197
国际竞争 ····· 199
财务表现 ····· 200

结语　商业教训和机会 ····· 203

引 言

达美乐比萨（Domino's Pizza，简称"达美乐"）的故事是一个真正的创业者白手起家的故事，充满了决心、创新和野心。达美乐有一个长期商业愿景，那就是成为全球商业领袖、创造就业机会以及支持当地经济发展。当下，它有一个注重创新、由科技引领的团队，致力于建造一个成功的企业，在自己所在的行业中成为佼佼者。

故事开始于托马斯·斯蒂芬·莫纳汉（Thomas Stephen Monaghan）。他出生于1937年，在家中排行老大，爸爸和妈妈的名字分别为弗兰克·莫纳汉（Frank Monaghan）和安娜·莫纳汉（Anna Monaghan）。为了解达美乐是如何被创建出来的，你需要了解汤姆·莫纳汉[①]的成

[①] "汤姆"，托马斯的昵称。

长经历，因为这些经历塑造了他的目标和思想。莫纳汉回忆，他幼时精力充沛，同比他小两岁的弟弟吉姆（Jim）一起在安娜堡（Ann Arbor）长大，陪伴他们的是一个有耐心和爱心的父亲，以及一个没那么有耐心的母亲。他的这些经历都记载在名为《信念》（Living the Faith）的他的传记中。

他的爸爸在29岁的时候因为患腹膜炎死亡，这让他的人生发生了巨大变化。他的妈妈得到爸爸购买的人寿保险的赔偿金，勉强维持生计。之后，他们搬家到镇里，他的妈妈在阿格斯相机公司找了一份工作，每周的收入仅有27.5美元，而开销达到了30美元。他的妈妈安娜清楚地意识到，自己需要寻求更好的解决办法。

安娜想到的解决办法就是把两个儿子放在寄养家庭里。开始的时候，两个男孩在一个寄养家庭短暂地住过一段时间，然后又被寄养在沃普曼（Woppmans）家。但是，当汤姆长到7岁时，沃普曼家觉得汤姆太难照顾，便又把他和弟弟交还给她。

同一时期，安娜决定重返校园，学习做护士。她的计划是，把孩子们先放到天主教寄宿学校，直到她获得学位，然后就可以接回他们一起生活，因为到那个时候将有足够的钱来养育孩子们。于是,汤姆和吉姆去了圣约瑟夫男孩之家(St. Joseph's Home for Boys)——一所学校,也是一家孤儿院。

汤姆非常不喜欢他的新环境,但黑暗中有一束光出现,那是一位鼓舞人心的修女。"贝拉达修女(Sister Berarda)总是鼓励我,甚至当我的想法很天真的时候也鼓励我。"汤姆在书中写道。在二年级的时候,汤姆告诉同学,他打算成为一名神父、一名建筑师,以及底特律老虎队的游击手。他的同学都取笑他,贝拉达修女鼓励他说:"虽然没人这样做过,但如果你想去尝试,我觉得你应该去尝试,没理由说你一定不能成功。"

在回忆贝拉达修女对他的影响时,汤姆承认,贝拉达修女对他来说至关重要。他说:"她就像我的另一个母亲,在她的关心下我得到成长。"他的母亲就在几条街以外的医院工作,她住的公寓也离得很近,所以兄弟俩经常在周末去母亲家。在小学二年级的时候,汤姆表现不错,但在三年级的时候,他和吉姆被转到当地的天主教学校后,情况忽然变得很糟。那里的环境很恶劣,即使学生犯了很小的错误也会受到鞭打,汤姆的成绩和学习态度急转直下。但是,在那四年中,他也学会了努力,以及永不放弃。"假如你不能成功，就去尝试别的办法，你不能失败。"这些经验教训有助于他日后经营达美乐。

> **汤姆告诉同学，他打算成为一名神父、一名建筑师，以及底特律老虎队的游击手。他的同学都取笑他，贝拉达修女鼓励他说：'虽然没人这样做过，但如果你想去尝试，我觉得你应该去尝试，没理由说你一定不能成功。'**

团聚

后来，当汤姆小学六年级的时候，安娜·莫纳汉把两个儿子从学校接出来，全家北上，搬到了密歇根州的特拉弗斯城。她在那里找到了一份工作，也买了一所房子。忽然之间，莫纳汉有了更多的自由，这是他从未经历过的，因为母亲一直在医院里长时间工作。在七年级的时候，他入读圣孕天主教学校，整个夏天都在做各种工作攒钱。他已经意识到钱对于获得更多自由的重要性。于是，他在市中心卖报纸，以及挨家挨户上门推销蔬菜。

但是，一个夏天，他的妈妈从安娜堡小镇探望兄弟俩的叔叔婶婶回来后，觉得自己还是无法照顾他们，于是把兄弟俩又放到了寄宿家庭中。经历了几个寄宿家庭之后，汤姆开始在圣弗朗西斯高中九年级的生活，他被送到了一个农场，而弟弟则返回母亲家中居住。农场的一份工作让汤姆每周可以获得2美元的收入，他兴奋极了。汤姆的房子很简陋，他在厨房里点燃一盏煤油灯做作业。有空的时候，他喜欢读宣传单页，梦想有一天可以拥有一切美好的东西。他告诉朋友，总有一天他会既有钱又有名，他的朋友都相信他。

他在书中写道："我看到自己沉沦于鲁莽而不顾及别人感受的世俗想法中，其实我更应该专注于自己的精神追求。于是，在那时，我决心成为一名神父。"

他申请了位于密歇根州格兰拉披斯的圣约瑟夫神学院，并被录取。他非常兴奋，但他只在那里待了一年，不是因为表现不佳，而是因为他的妈妈向校长投诉他很少写信回家。他承认自己并没有像其他同学那样常常写信回家，但没想到会因此被赶出学校。当被要求离开的时候，他非常绝望，他的妈妈也震惊了，没想到自己的信会让儿子重新回到自己身边。

把汤姆送到一个寄宿家庭生活一段时间后，安娜又把他送到一个青少年管教中心，直到汤姆的婶婶得知此事并将他保释出来，带回自己在安娜堡的家中。同婶婶在一起生活的时光，是自爸爸去世后，汤姆第一次可以正常生活。

虽然莫纳汉拥有远大的抱负，但他并没有好好完成学业，仅对工作感兴趣。每一份工作，他都力求做到最好，像送汽水小哥、保龄球服务员，或者巴士司机。由于成绩太差，他没有报考大学。他在公寓租住，在本地的报纸派发中心找到一份工作。当存够钱之后，他向新成立的菲尔斯州立学院申请，并被录取。第一学年结束的时候，他的成绩还不错，可以申请上密歇根大学。他没钱付学费，于是选择参军，被派到海军。在军中，他读了很多促进自我成长的书籍。

在光荣退伍后，他回到安娜堡，又在当地的报纸派发中心工作。这次，公司老板教他如何运营，莫纳汉也证明了自己优秀的工作能力。他不断存钱，最终存够钱去读密歇根大学。但是，他很快就离开了大学，因为他意识到几乎所有的科目对他来说都太难了。

当派送邮件并兼职派送比萨的弟弟吉姆向他建议，两人一起从一个名叫达美尼克·迪瓦提（Dominick Divarti）

的老板那里买下名叫"达美尼克比萨店"的小店的时候，汤姆马上同意了。实际上，他不仅同意，而且全身心投入其中。他从这个小店看到了自己的未来，这个生意将成为他的商业帝国的开始。正是这个商业帝国，最终让他有能力买下底特律老虎队。莫纳汉看得没错。

你将在接下来的章节里读到，通过辛勤努力、拥有好奇心、对科技投资，以及对顾客满意度的专注，莫纳汉建立了一个60年后还一直持续发展的企业。莫纳汉并不只是在正确的时间做了正确的事情，他运用了常识和可靠的商业运作手法，这些运作手法将在接下来的章节中出现，你也可以运用这些手法去经营你的企业，去建立一个国际性企业。

> **"** 通过辛勤努力、拥有好奇心、对科技投资，以及对顾客满意度的专注，莫纳汉建立了一个60年后还一直持续发展的企业。**"**

"制作美味比萨的秘密在于酱汁……我对这一点体会深刻。我从一开始就决心制作世上最好的比萨酱汁。"

——汤姆·莫纳汉

第一章 达美乐的前身——达美尼克

各种各样的比萨——新鲜的、冷冻的、预焙的、有馅的、圆的、方的、薄皮的、厚皮的、菜花皮的、不含麸质的——持续成为消费者饮食预算中不断增长的部分。就全球来说,根据《PMQ 比萨杂志》(*PMQ Pizza Magazine*)做的"2020 年比萨行业报告",比萨业是一个价值 1550 亿美元的行业,销售额从 2019 年到 2020 年增长了 4.6%。世界各地对比萨的需求持续增长,而比萨在大多数美洲人的日常饮食中占很大比重的主要原因是,消费者对速食食品的需求。人们一点儿也不惊奇,在未来很长一段时间内,消费者对面团、番茄、酱、奶酪这个组合的热爱将持续高涨。

然而,对"达美乐"这个比萨连锁品牌而言,2019

年尤其是一个重要的转折点。就在这一年，达美乐终于在销售总量上名列行业第一。在这之前的很长一段时间内，第一名属于必胜客（Pizza Hut）。达美乐全球零售销量增加8.3%。而且，仅在2018年第三季度，达美乐就新增232家店。

> **达美乐终于在销售总量上名列行业第一。在这之前的很长一段时间内，第一名属于必胜客。达美乐全球零售销量增加8.3%。而且，仅仅在2018年第三季度，达美乐就新增232家店。**

达美乐销售暴涨有好几个原因，如比萨配方改进、科技投入增加，将网络作为非常重要的销售渠道，以及对顾客做出承诺，不仅使顾客满意，还让他们身心愉悦。顾客在任何平台都可以自由下单，这对达美乐来说是向前跨出了一大步。现在，达美乐是世界上最大的比萨连锁店经营者，它只花6年的时间就做到了这一点。

谦虚低调的开始

达美乐开始的时候只是位于密歇根州的叶普斯兰提

(Ypsilanti)的一个小比萨店,这个地方位于安娜堡的郊区。1960年,根据《美国特许经营》（*Franchising in America*）杂志的报道,达美尼克·迪瓦提,一个安娜堡的餐馆经营者,开创了达美尼克比萨,分店遍布叶普斯兰提,在安娜堡市区也有两家店。迪瓦提并没有迅速获得成功,他很快意识到这是因为自己没有足够的时间和耐心去经营郊区的比萨店。于是,他打算关掉郊区的比萨店,专注于市区的生意。他的朋友詹姆斯·吉姆·莫纳汉(James Jim Monaghan)无意间听到迪瓦提和潜在买家的谈话,便和哥哥汤姆找到了他。最终,1960年冬天,在莫纳汉兄弟同意支付900美元现金,以及接手比萨店的债务后,迪瓦提把达美尼克比萨店的钥匙给了兄弟俩。当时,他们接手的债务为2200~8000美元。

尽管迪瓦提经营艰难,莫纳汉兄弟却认为经营一家比萨店是不错的投资。事实上,当时汤姆的想法就是成为一名投资者。兄弟俩都有在业余时间去店里帮忙的想法。对于全职在邮局上班的吉姆来说,这成为一个负担和挑战。汤姆的主要目标是赚足够的钱交学费,他当时在密歇根大学上学。

迪瓦提原先每天只在下午5点到午夜时分开店,莫纳汉兄弟原来以为他们可以兼顾比萨店的生意和工作、学业。迪瓦提同意莫纳汉兄弟继续使用"达美尼克"的名字，然后教他们用15分钟制作比萨。汤姆在《信念》中回忆，迪瓦提曾告诉他，"制作美味比萨的秘密在于酱汁"。他说："那句话给我留下了长久的记忆。在那时，我就发誓，我要做出世界上最好的比萨酱汁。"

兄弟俩第一周只挣了99美元，但这只是开始。而且，这也是一个非常不易的成果，因为刚开始的时候他们没有提供电话下单服务；电话公司要求他们为之前迪瓦提购买的广告付费，之后电话服务才能开通。兄弟俩不想付这笔钱，但深知电话服务的重要性，所以最终还是付了费。

刚开始的时候，兄弟俩对比萨店每晚的营业安排都没有问题。当他们开始延长比萨店的服务时间后，生意开始好起来。到6月的时候，他俩每周已经可以赚400美元。但是，当夏天来临的时候，一街之隔的密歇根东部大学的学生离校，他们的生意迅速变差。也正是在那个时候，吉姆终于接受了现实，在干全职工作的同时还经营比萨店是不可行的。在8个月内，吉姆卖给汤姆自己的全部股份，获得一辆一直用来送货的1959年型大众甲壳虫汽车。

> **迪瓦提曾告诉他,'制作美味比萨的秘密在于酱汁'。他说:'那句话给我留下了长久的记忆。在那时,我就发誓,我要做出世界上最好的比萨酱汁。'**

吉姆退出后,汤姆·莫纳汉迅速增加对生意的参与度,但很快发现一个问题:要想挣更多的钱,自己需要付出更多的时间和精力,不可能同时兼顾生意和上大学。1961年,看到生意的潜力,他决定从密歇根大学退学,全力投入比萨生意中。莫纳汉没有感到自己做出的决定充满矛盾,他在采访中说:"那个时候,我决定将我的全部身心和我的灵魂投入比萨行业中。我感到了极大的解脱。"

如果不在店里工作,莫纳汉会做市场研究。很明显,他尝遍了在叶普斯兰提和安娜堡几乎所有餐馆里的比萨,并做了很详细的笔记。他想确保达美尼克比萨的酱汁强于周围所有餐馆。有一天,当他同一个供应商聊天的时候,供应商告诉他,自己尝过的最好的比萨酱是在兰星(Lansing)的一个历史很久的意大利餐馆中。于是,莫纳汉亲自驱车去兰星品尝,并且确认那里的比萨酱汁是他尝过的最好的。他大力赞扬了店主,店主带他到厨房,告诉他如何制作酱汁。

采用美味的酱汁后,截至1962年4月,达美尼克比萨的销售额升至每周750美元,但当大学学期结束的时候,销售额跌回到每周200美元。夏天,莫纳汉巧妙地利用时间,学习如何让比萨店的运营更有效。他知道他有一个很棒的产品,下一步就是想办法增加利润。在《信念》一书中,他提到他沉迷于改进烤炉和柜台的布局。一点点地,他把准备和烘焙比萨需要的时间精确到分秒,每一次进步都让他的利润空间得到提升。当大学秋季开学的时候,比萨的销量顺势增加,同时得益于莫纳汉做出简化达美尼克菜单的决定。

那个决定其实也是势在必行的。达美尼克在周日晚上最忙,因为这一天大学不提供晚餐。然而,在一个周日的晚上,莫纳汉的大部分员工没有出现。面临只有少数员工的情况,莫纳汉对当晚是否开业感到犹豫。有人建议:"你为什么还要做6英寸的比萨?不如取消。"莫纳汉对《财富小企业》(*Fortune Small Business*)杂志解释,菜单上有5种不同尺寸的比萨,6英寸的比萨"与大比萨花一样的时间制作,花一样的时间派送,价格却最低"。那天晚上，他取消了6英寸的比萨，比萨店很忙，却没有应接不暇，并且销售额增加了50%。莫纳汉说："我忽然赚钱了。"第二天晚上，他取消了9英寸的比萨，而那晚的销售额让他还了一些债务。莫纳汉说："我意识到，简单可能让你赚得更多。"

莫纳汉感到生意进行得很顺利。那个时候，他雇用两名全职员工，开始考虑在其他大学城开分店，如密歇根州的快活山（Mount Pleasant），那里有一个拥有5000名学生的密歇根大学中央校区。但是，顾虑到不稳定的财务状况，莫纳汉打消了这个念头。不久，同一名熟客的一次谈话为他带来了新商机。他发现这名熟客居然是安娜堡比萨界的传奇人物，美国第一家提供免费派送比萨的公司"专家做的比萨"的创始人——吉姆·吉摩尔（Jim Gilmore）。莫纳汉欣赏吉摩尔的经验，又受到鼓励，同意将吉摩尔作为持股一半的股东，条件是对方付500美元。吉摩尔的律师起草了一份法律文件，这在日后看来，是一份非常明显的对吉摩尔有利的合约，因为它把未来所有的债务和义务都放在了莫纳汉的名下，原因是：吉摩尔刚破产，他没有权利签任何文件。吉摩尔还告诉莫纳汉，他将继续在密歇根大学的宿舍餐厅里当厨师，但保证他的工作不会影响比萨店的生意。

生意成长

很快，1962年，莫纳汉把吉摩尔带到快活山为开设下一个比萨店做准备。他们发现在一家餐馆的后边有一个小得像在墙上开个小洞的地方。于是，莫纳汉花了2200美元买了一个二手烤炉、一个冰箱和一个不锈钢柜台。吉摩尔只需要付500美元来获得股份，不过他贡献了自己的经验。莫纳汉委派他负责叶普斯兰提的店，而自己专注于新店运营。吉摩尔建议，这个快活山的店采用"比萨国王"（Pizza King）品牌，供应与叶普斯兰提店一样品质的比萨，而且免费送货，不久，新店销量很快超过了叶普斯兰提店。几个月内，两家店的周销售额总和达到了3000美元。

过了几个月，莫纳汉开始警觉，因为吉摩尔常常向他要钱来支撑陷入财务困境的叶普斯兰提店。那个时候，该店的销量下降了三分之一，而吉摩尔表示自己已经非常努力地去改善经营情况。几个月后，莫纳汉忽然光临该店的时候，惊讶地发现，整个店面看起来很糟糕，而且比萨的味道也很糟糕。他开始怀疑资金流向,因为很明显,钱没有用在改善经营上。

在向吉摩尔表示他的警觉和不满后,莫纳汉把重点放到了如何扭转局面上。吉摩尔告诉莫纳汉,有一个绝佳的机会,那就是在安娜堡开设第三家店,地点是离密歇根大学中央校区不远的街口处。听过之后,莫纳汉同意这个提议,将快活山比萨国王店的一半股权卖了4000美元来筹集资金装修新店,以及购买烹饪设备。

1962年5月,新店开张,但并没有如大家所愿那般发展。叶普斯兰提店在租约期满后,搬到了一个新地点,销量不断创新高,而安娜堡的生意却逐渐衰落。吉摩尔认为,他们需要扩充菜单内容,所以莫纳汉将自己在快活山比萨国王店的剩下股权卖了4000美元,同时以4000美元引进了第三个合伙人——当地一家餐馆的主人瑞德·肖顿(Red Shelton)。

同年,莫纳汉娶了玛乔丽·伊巴(Marjorie Zybach),一位他送比萨到学生宿舍时认识的姑娘。莫纳汉夫妇生活在一辆拖车里,莫纳汉每周工作上百个小时。

1963年,莫纳汉在叶普斯兰提东边,用"比萨国王"的品牌开了另一个提供比萨派送服务的站点。詹姆斯·伦纳德（James Leonard）在《信念》一书里写道："因为空间很小，没什么地方做比萨的准备工作，于是他想出一个非常聪明的办法：在克罗斯街的店里为两个店做准备工作，把另一家店需要的材料每天开车送过去。他发现，把准备工作集中使他能够开设更小、更高效的店，这些店可以专注于制作和派送比萨。"

> **"因为空间很小，没什么地方做比萨的准备工作，于是他想出一个非常聪明的办法：在克罗斯街的店里为两个店做准备工作，把另一家店需要的材料每天开车送过去。他发现，把准备工作集中使他能够开设更小、更高效的店，这些店可以专注于制作和派送比萨。"**

同一年晚些时候，莫纳汉到安娜堡去看迪瓦提，发现他不在，碰巧有一大堆订单涌入，他没想太多就帮忙做起了比萨。第二天，当听说莫纳汉居然在自己的顾客面前展示翻比萨的手艺时，迪瓦提非常不高兴，认定莫纳汉是去抢他顾客的。于是，迪瓦提告诉莫纳汉，他无权再使用"达美尼克"这个名字，因为该名字将使顾客产生困惑，特别是当顾客看到莫纳汉站在柜台后，一定不清楚到底这个餐馆是谁的。莫纳汉不想马上改名,但最终还是妥协了,从某种程度上来说是这样的。第二年,莫纳汉把自己的店名叫作叶普斯兰提多美尼克(*Ypsilanti DomiNick's*),而且在思考自己到底该用什么名字。

1963年年底,两位合伙人买断了瑞德·肖顿的股份。第二年,在吉摩尔的要求下,他们用9万美元买了一家正常规模的餐馆,把它命名为"吉摩尔餐馆"(*Gilmore's Restaurant*)。正如吉摩尔与莫纳汉的其他合伙生意一样,这个餐馆从一开始就亏钱。

1965年,莫纳汉与吉摩尔分道扬镳。这是因为,莫纳汉发现,自己和太太为生意而不断吃苦,超长时间工作,住在一辆很小的拖车里,而他的合作伙伴住在大房子里,花很多时间和心思装修房子,而对比萨店的生意并不上心。

莫纳汉终于下定决心重新开始了。

"我们的增长只是当时横扫全国的特许经营浪潮带来的结果。麦当劳和肯德基被大肆抄袭,各种社会名流将自己的名字借给餐饮连锁店使用。"

——汤姆·莫纳汉

第二章 连锁开始

1965年,汤姆·莫纳汉与合作伙伴吉米·吉摩尔分道扬镳,促成三家不同的比萨店联合,达美乐由此产生。在当时看来,运营三家不同名字的比萨店对莫纳汉来说不合理,他决定将三家店统一为一个名称,使用一个品牌。他找到当地的广告公司为公司取名。广告公司的老板山姆·范恩(Sam Fine)建议:"采用同'达美尼克'接近的名字。人们对'达美尼克'很熟悉,当他们在电话号码本中找'达美尼克'的时候,就能找到你的店的名字。"

莫纳汉觉得范恩的话很有道理,开始与员工一起动脑子去想一个新名字。"我们当时应该想过几百个不同的名字。"他在《信念》一书中回忆。有一天,一个名叫吉米·肯尼迪（Jim Kennedy）的员工忽然灵光闪现。莫纳汉向《财富小企业》杂志回忆：

> 一天，一名员工刚派送完比萨回来说："我想到名字了，就叫达美乐！"我说："那简直太好了！"我从来没听说过达美乐比萨。这是意大利语，而且我们可以使用达美乐的标志。我决定在达美乐的标志上加三个点，因为我们有三家店。每当我们多开一家店，就多加一个点。你看，当时我已经在考虑做一个全国连锁品牌了。

> **"我从来没听说过达美乐比萨。这是意大利语，而且我们可以使用达美乐的标志。我决定在达美乐的标志上加三个点，因为我们有三家店。每当我们多开一家店，就多加一个点。你看，当时我已经在考虑做一个全国连锁品牌了。"**

肯尼迪的提议恰逢其时，因为莫纳汉正着急确定广告黄页中的店名。于是，达美乐产生了。

正式更名之后，莫纳汉把他的注意力集中在比萨送餐特许经营上。20世纪50年代，特许经营这种商业模式得到了长足的发展，很多行业（比如加油站、快餐店、车行）都把特许经营作为最重要的商业模式。托马斯·迪克（Thomas Dicke）在《特许经营在美国：一种商业模式的发展，1840—1980》（*Franchising in America：The Development of a Business Method, 1840 - 1980*）一书中写道："直至20世纪60年代末期，几乎任何一种可见的商品或者服务，你可以想象到的，都采用了特许经营这种方式，各中特许经营店成为北美大陆商业模式的一个特色。"在每个行业中，特许经营这种方式逐渐崛起。例如：酒店业，假日酒店和喜来登酒店；便利店，"7 - 11"；汽车配件行业，马德斯排气管店；干洗店，马丁乃兹；家居服务，洛透 - 洛特排水管服务，以及后来的斯坦利蒸汽地毯清洗服务。

1966年，必胜客已经拥有145家特许经营店；1968年，麦当劳已经拥有1000家特许经营店，并且积极地进行国际扩张。

第一个达美乐连锁店

直到此时，莫纳汉才开始严肃考虑让达美乐采用特许经营模式。当时经营三家店的他，在财务上没有问题。伦纳德在《信念》一书中解释："他想做的不仅是生存下来，还希望大力发展，要想做到这点，就必须采取特许经营模式。他不再是销售一块比萨，而是在销售一种概念，这种概念的创作者和持有者可以分享利益。"于是，他开始探索特许经营模式。

> **" 他想做的不仅是生存下来，还希望大力发展，要想做到这点，就必须采取特许经营模式。他不再是销售一块比萨，而是在销售一种概念，这种概念的创作者和持有者可以分享利益。"**

莫纳汉告诉《财富小企业》杂志：

20世纪60年代末期，我参加了一个在波士顿学院举办的特许经营研讨会。就是在那里，我受到鼓舞。我遇到了麦当劳的雷·克罗克（Ray Kroc）先生。我认识了肯德基的约翰·Y. 布朗（John Y. Brown）先生。这两个人是乘坐私人飞机来的，并且有劳斯莱斯汽车在门口等待。我对自己说："哇，我目前的做法与他们两家公司的做法几乎一样好，只是我没有那么多店而已。"

于是，莫纳汉组建了董事会，董事除他自己外，还包括：他的太太乔丽，同时也是公司的出纳；律师拉里·斯伯林（Larry Sperling），莫纳汉雇用斯伯林为达美乐设计适合其发展的特许经营方案。在吸收特许经营者方面，斯伯林向莫纳汉建议，当地的政治家查克·格雷（Chuck Gray）可能是很好的有潜力的特许经营者。当两人相见的时候，格雷及其对达美乐的热情打动了莫纳汉。他们马上制定了特许经营合同，其中包括莫纳汉亲自教格雷如何制作比萨。莫纳汉看出格雷对经营比萨店有天生的才能，而格雷应该就是达美乐的第一位特许经营者，他买下了在叶普斯兰提东边的一家现有的达美乐比萨店。

"斯伯林准备了一份特许经营合同，我们在1967年4月1日签署。格雷销售收入的2.5%作为特许费用属于我；销售收入的2%作为广告费用上交；销售收入的1%作为整理会计账目的费用，因为无论是财会表格还是员工的工资表，所有这一切都是我太太做的。按照今天的标准，那时的特许经营费实在太划算了，但在当时，我们已经满足了。而且，我对将来可能产生的突发费用一点不担心。"莫纳汉在《比萨老虎》(*Pizza Tiger*)一书中表示。

作为交易的一部分,格雷同意从莫纳汉那里直接购买原材料,这样为达美乐提供了收入,同时保证每个分店的比萨品质是一致的。

第一家特许经营店是成功的,在格雷接手后,销售额在一年内增加了一倍。从此,莫纳汉的运气开始变得越来越好。他在1967年年初的时候,拥有三家店,负债9万美元;在同年年底的时候,他拥有6家店,没有债务,还有5万美元的利润。

达美乐的特许经营开始起飞

沉浸在第一家特许经营店的成功喜悦中的莫纳汉,开始寻找下一位特许经营者。他把注意力放在一位员工身上,他认为这位员工已经准备好,可以独立经营了。这位员工叫迪安·詹金斯(Dean Jenkins)。他在安娜堡找到一座空置的建筑,租下后,打算从头开始打造一个达美乐门店。这是第一个从头开始建造的达美乐门店。该店建造的过程比莫纳汉想象的更具有挑战性，有时建筑工程队不得不自己去做构件。"发明创造构件后来成为我们店发展部门员工的工作特色。"莫纳汉说，"快速思考，现场解决问题，并且毫无顾虑地去找出错的原因，直到你把店顺利开起来。"这是当时达美乐的经营指导原则。

詹金斯是莫纳汉选择经营第二家特许经营店的理想人选，因为詹金斯对于交给他的每项工作都特别认真。詹金斯的同事最初都叫他"慢动作"，因为他动作慢，特别小心。莫纳汉帮助他慢慢提高了工作效率。詹金斯的梦想就是拥有一个属于自己的店，莫纳汉希望帮助他实现梦想。1967年7月，安娜堡的达美乐比萨店建好并开始营业，几乎同一时间就开始盈利了。也就是在那个时候，莫纳汉决定在东兰星（East Lansing）的密歇根大学附近尝试占领部分比萨市场。

"莫纳汉把比萨盒子做得特别坚固，而且保温。这是一种优秀的设计，他在1973年直接推出了比萨在30分钟内保温的广告。在接下来的十年间，他变得特别富有，买下底特律老虎队都没有问题。"

——马斯德

第三章 大学校园成为主场

达美乐进入大学校园并大力推广的经营思路,部分缘于大学生常常订比萨,还因为莫纳汉对这个特殊市场的深度思考。在《比萨老虎》中,莫纳汉表示,20世纪60年代末期,他知道美国的每所大学只有5%~10%的学生住宿舍。他还知道,每所学校宿舍的男生和女生的比例(男生订比萨的数量大大超过女生),以及大学生的入读总数。莫纳汉对大学生的特质和需求的了解必然成为达美乐的竞争优势。

根据《广告时代百科全书》(*The Advertising Age Encyclopedia of Advertising*)介绍,大学校园之所以吸引达美乐的另一个原因是,推广费用相对较低。通过大学报纸广告,达美乐便可以更有效地、以更低的费用向大学生做宣传，而不必支付更高的广告费去触达本地居民。

> **他知道美国的每所大学只有5%~10%的学生住宿舍。他还知道，每所学校宿舍的男生和女生的比例（男生订比萨的数量大大超过女生），以及大学生的入读总数。莫纳汉对大学生的特质和需求的了解必然成为达美乐的竞争优势。**

早期的特许经营者

当卖出两个特许经营权后，莫纳汉把注意力放到了把达美乐推广到另外一个大学城——"大李子城"（莫纳汉起的外号），就是东兰星，也是密歇根大学所在地。大约有2.2万名大学生在那里的大学宿舍里居住，那里的潜在市场对一个比萨企业来说是非常有吸引力的。事实上，那里是美国当时最大的大学社区。

莫纳汉的律师拉里·斯伯林对于将企业扩张到东兰星感到很紧张，因为如果计划失败，将会使达美乐陷入困境。莫纳汉没想过失败，但听从了斯伯林的建议。他成立了一家新公司，叫作兰星达美乐公司（Domino's of Lansing, Inc.），用这家公司来运作当地的门店。莫纳汉是该公司唯一的股东。

除火热的比萨市场外，东兰星让人激动人心的地方是，莫纳汉创造出来一个新兴社区概念。他将在东兰星建立一个中心店来供应比萨配料和补给品。他可以大量购买原材料，以获取更低的购买价格，然后通过中心店向在这个链条中的本地区其他店提供所需物品；同时，用资金帮助特许经营系统中的每家店，并且保证所有店的比萨质量。

莫纳汉也想改善菜单内容，把比萨的尺寸限制为12英寸。这样做的原因是：来自大学宿舍的80%的订单都是12英寸的，没必要费力推销其他尺寸的比萨。如果顾客需要更多的比萨，他们可以多买几张12英寸的比萨。只推销一种尺寸的比萨有利于提高比萨的质量，因为做比萨的人只需学习制作一种尺寸的比萨，同时效率能够提高。这样做的其他优势包括降低出错率、降低成本，因为只需定制一种尺寸的外卖纸盒。

尽管已经在考虑引进计算机系统来处理订单，但莫纳汉希望减少在处理比萨订单时种类的数量。除只提供12

英寸的比萨外,达美乐还将比萨的馅料减少到了6种。但是,自从收到兰星分店的员工负面的反馈后,莫纳汉在菜单中又增加了16英寸的比萨。这两种尺寸的比萨,一小一大,成为达美乐菜单中的标准内容。

莫纳汉把兰星店称为"创新温床",把功劳给予泰瑞·沃伊斯(Terry Voice)——店里的一位年轻经理,他同莫纳汉有许多相似的地方,总是想办法让企业运营得更有效率。他开发出一种撕条登记订单的方法,取代了旧方法。旧方法是把销售单抄到比萨包装盒的边上。沃伊斯的设计是这样的,电话接单员先把订单写在复写销售单上,上面写着接单时间、顾客联系方式、订单内容,以及任何可以帮助找到顾客地址的方法。两联销售单的原始部分被撕下来,跟随订单中的比萨,被贴在比萨包装盒上一起派送。订单跟着顾客订的比萨将保证订单内容的正确性,而且在比萨准备阶段节省了宝贵时间。

兰星还被称为"大红炉"(Big Red)的故乡。大红炉是当时世界上最大的比萨烤炉,可以同时容纳90个比萨。这种炉子有10个12英尺长的菲瑞斯轮(Ferris-wheel)托盘,每个托盘至少可以装9个12英寸的比萨。莫纳汉将其形容为"好像使用了一个大暖炉去烤汉堡包"，有点浪费，起码最初如此。但是，这个炉子后来根本不够用。

当莫纳汉开发并改善达美乐的特许经营模式时，他同时也在到处物色合适的特许经营者。大卫·基尔比（Dave Kilby）曾经是一名电台主编，他与莫纳汉一起工作过，也曾在青年商会做比萨销售志愿者，后来以1万美元买下了安娜堡受欢迎的达美乐老比萨店的特许经营权。莫纳汉资助他，并在他想成为达美乐一分子之后，像培训格雷那样，花了很多时间去培训他。基尔比后来成为达美乐内部的管理大师。最终，莫纳汉把管理所有店长的任务交给了他，并在达美乐的叶普斯兰提总部给他设立了一个专门的办公室。

> **"兰星还被称为'大红炉'的故乡。大红炉是当时世界上最大的比萨烤炉，可以同时容纳90个比萨。这种炉子有10个12英尺长的菲瑞斯轮托盘，每个托盘至少可以装9个12英寸的比萨。莫纳汉将其形容为'好像使用了一个大暖炉去烤汉堡包'，有点浪费，起码最初如此。但是，这个炉子后来根本不够用。"**

吉恩·贝克纳普和贝姬·贝克纳普（Gene and Becky Belknap）夫妇是达美乐的下一个特许经营者，在安娜堡北部开了一家店。他们之前都是达美乐的员工，在工作时相遇。他们的店在1968年开业，赶上了当时"不用付首付款"的政策。

密歇根州以外的扩张

达美乐在密歇根州以外的第一家特许经营店由史蒂夫·利特维勒（Steve Litwhiler）经营，他曾是达美乐叶普斯兰提店的一位送货司机，后来去佛蒙特大学上学，然后留在伯灵顿教书。有一次，他打电话给莫纳汉，说他过得不开心。利特维勒说他在达美乐做司机时挣得更多，他想在伯灵顿开一家店。在距离叶普斯兰提那么远的地方开一家分店，莫纳汉对这个主意并不是很感兴趣，但他喜欢利特维勒，坚信他一定能成功。1968年，伯灵顿分店开业，在接下来的两年内，当地又增加了4家店。

截至1968年年底，莫纳汉已有12家特许经营店。他的计划是，在未来的十二个月，每周开一家新店。他找出6个区域，认为这些区域对达美乐的发展有成熟的条件。

正如正在运营的店，这些区域都围绕着一所学院或者大学，每个区域有一家或多家校园店互相呼应，有两家或者更多的居民区店来填补市场空白，同时有一个区域中心店为所有店提供原材料和补给。

莫纳汉并没有达成他的目标——在1969年年底之前开设64家店，但成功在三个州——密歇根州、佛蒙特州和俄亥俄州——开设了42家店。20世纪七八十年代，达美乐扩张的步伐逐步加快。1978年，达美乐有200家分店。到了1983年，达美乐有1000家分店。莫纳汉已经策划出一个方案，在美国中西部的主要大学校园都开设门店，从印第安纳州拉菲提的普渡大学开始。

> **莫纳汉并没有达成他的目标——在1969年年底之前开设64家店，但成功在三个州——密歇根州、佛蒙特州和俄亥俄州——开设了42家店。20世纪七八十年代，达美乐扩张的步伐逐步加快。1978年，达美乐有200家分店。到了1983年，达美乐有1000家分店。**

达美乐的扩张在俄亥俄州继续进行，另一位叶普斯兰提的送货司机——莱斯特·赫德尔（Lester Heddle），在安森斯镇靠近俄亥俄大学的地方开了一家店。"在这个城镇里，接单后半小时内送到，不然就免费"的承诺引起了极大的反响。伦纳德在《信念》一书里写道，在开业几周内，达美乐就获得了几乎75%的比萨市场份额。很快，赫德尔在哥伦布市靠近俄亥俄大学的地方又开了一家店。因为新店靠近大学校园，达美乐继续取得成功。直至1978年，达美乐75%的店都在大学城里，或者围绕军事基地。莫纳汉了解他的顾客——年轻的单身男性。他持续在自己顾客花费最多时间的地方——学校和家里——建立门店。

根据目标顾客的特质，莫纳汉把店设在大学校园附近的策略是正确的。但是，找到位置好、适合开店的地方，后来变得越来越难，超出了莫纳汉的想象。莫纳汉说："我希望我们可以在校园后面开店，也就是学生宿舍所在地，但不要在前面，因为前面是商铺林立的地方。通常来说，没有一家零售店在校园后面，那里一般是玉米地。那样的地方才是我想找的地方，最好有一家生意不好的店，而我可以改变它。"选址困难最后让达美乐偏离了设计好的路线，并面临新的挑战，它决定去角逐居民区市场。

"如果它不适合比萨之夜,
　　也许也不适合我们的菜单。"

——乔·乔丹
达美乐执行副总裁

第四章 让事情简单

从一开始，莫纳汉就非常清楚达美乐的生意是什么类型的。这种对目的性的清晰认知使他在几十年内保持专注，专注做最好的比萨派送公司。比如，达美乐并没有参与竞争，提供丰富的顶级配料，创造豪华的进餐环境，或者设计特别丰富的菜单。

达美乐立志成为城市中最好的比萨派送公司。当然，为达到这个目的，达美乐需要在其他方面加强。莫纳汉意识到，在不同时代，企业行为在某些方面有所侧重非常重要。他一直被自己早期削减比萨种类的经验鼓舞，他意识到，较少的选项对公司运营来说很重要。

> **"** 从一开始，莫纳汉就非常清楚达美乐的生意是什么类型的。 这种对目的性的清晰认知使他

在几十年内保持专注，专注做最好的比萨派送公司。"

一个很简单的菜单

减少顾客可以选择的潜在比萨种类使达美乐简化了流程，从测量比萨大小到储藏不同尺寸的盒子。1960年，莫纳汉发现，把6英寸比萨和潜水艇三明治从菜单中去掉，利润马上得到了提升。在接受《纽约时报》采访时，他承认，小比萨的问题在于报价太低。他回忆说："真正的问题是，6英寸比萨我们只卖30美分，而且免费送货。一天晚上，有人打来电话，订了12个比萨，我告诉自己'我们不能再接受6英寸比萨的订单了'。我将比萨换成了更大尺寸的，最大的有16英寸。从那晚开始，我们开始赚钱了。"

莫纳汉这个决定影响很大，而他也总是在简化和重点关注上犯一些错误。

达美乐决定只卖很少几种产品的行为持续了几十年。从成立之初到20世纪90年代初期，相对于其他快餐店，达美乐的菜单一直很简单，以保证送货的效率。达美乐并不提供就餐场所，对门店面积的要求不大，因为门店主要依靠附近的供应站储藏和提供食材，而且不需要领班或服务员。

《广告周刊》（*Adweek*）报道："从历史上看，达美乐菜单只有一面，内容是两种尺寸（12英寸和16英寸）的比萨、11种顶料，以及店里唯一的饮料可口可乐。"直到1989年，市场调查发现，40%的比萨购买者喜欢更厚一点的饼，所以达美乐增加了一种新比萨，叫"厚底"或"比萨盘"。

相反，20世纪60年代快餐业的老大麦当劳，它积极扩充自己的菜单。当时，麦当劳提供6种饮料。1965年，鱼柳包产生；60年代末期，烤牛肉三明治出现，不过存在的时间很短；70年代，早餐出现；1983年，鸡块餐出现，然后是沙拉。1991年，麦当劳又为顾客提供了几种新选择，像洪水开闸一般。菜单多元化从那时开始成为潮流，各种各样的东西出现，意大利面、龙虾、鸡翅、零食卷，以及特色雪糕等在未来几十年陆续出现。麦当劳成功地从汉堡包店转型为多元化快餐自助店。

相反，达美乐花了三十年时间来开发比萨以外的食物。1992年，第一种被添加到达美乐菜单里的非比萨食物是面包条。1993年，达美乐又在菜单中添加了另一种食物，那就是特大号比萨，名叫"占领者"，分为30块小比萨。

直到2002年，达美乐才将非比萨食物作为主食。那一年，达美乐推出鸡肉，用来取代鸡翅。后来，其他类型的比萨被加到菜单中，比如菲利奶酪牛排比萨，以及后来的布鲁克林比萨，那是一种薄底脆比萨。2008年，当赛百味（Subway）开始受欢迎的时候，达美乐推出了4种新型潜水艇三明治。第二年，意大利面也被添加到菜单中。

因为最早的比萨风味渐渐不受欢迎，所以达美乐决定在2010年把旧配方放弃，开始使用新配方，号称"从面饼开始完全不同"的原味比萨。很快，那种老式厚面饼比萨被一种新平板比萨取代。（2013年，达美乐以色列公司开发出一种素食比萨，专门供应以色列市场。）

对效率的专注

除使所有连锁店的菜单保持简单之外，莫纳汉总是寻找机会来提高公司的运营效率。据报道，他参观了超过

300家竞争对手的比萨店，学习他人的运营技巧。当他相信可以对其他比萨店的运营方式进行改良的时候，他会创造自己的流程。

> **除使所有连锁店的菜单保持简单之外，莫纳汉总是寻找机会来提高公司的运营效率。据报道，他参观了超过300家竞争对手的比萨店，学习他人的运营技巧。当他相信可以对其他比萨店的运营方式进行改良的时候，他会创造自己的流程。**

托马斯·迪克在《特许经营在美国：一种商业模式的发展，1840—1980》一书中描述：

莫纳汉根据自己的亲身经历对店面进行改造。第一年结束前，他改变了门店的内部结构，重新安排柜台、冰柜和工作区来改善工作流程。当工作完成后，莫纳汉的系统让人想起20世纪20年代的白城汉堡包（White Castle Hamburgers）经理、20世纪40年代的麦当劳兄弟，以及当时其他快餐业先锋所做的事情。在每个案例中，成功来自把大批量生产的方式用于餐馆运营。为达到这个目的，正如其他人一样，莫纳汉把生产过程看作一个整体，要求物料供应统一化，对设备的使用进行周全考量，以及对人工细致安排，所有一切都为实现单一产品生产的持续发展。相比其他快餐业先驱，莫纳汉的快速服务和统一产品风味的策略让他能够建立大型生产系统。他发现，在销售高峰时期，确保快速派送的唯一方法是创造一个完整的、可以互相协调的生产系统，来覆盖比萨生产流程的每一步。

正如之前提到的，一有机会，或者看到比达美乐正在使用的设备更高级的设备，莫纳汉就进行升级。他买了"大红炉"，那个巨大无比的比萨烤炉就是一个很好的例子。托马斯·迪克在《特许经营在美国：一种商业模式的发展，1840—1980》一书中写道：

> 其他转变包括，安装法尔斯轮的转动型烤炉，比传统烤炉可以容纳更多的比萨，而且节省空间。把比萨放在固定分屏而不是直接放进烤炉的架子上，这将使生产速度更快、更容易处理问题，并且减少比萨变形的情况。

莫纳汉寻找用于生产流程的每个点上的更好的设备。正如之前提到的，在达美乐的商业档案参考资料中记录：

> 在芝加哥展会中，他发现了一台绞肉机，可以用来切奶酪，以及在一分钟内揉面；相比之下，普通的搅拌机要用8～10分钟来揉面。面揉好后，被放在有油的平底锅里，有毛巾盖着，面团的外部边缘会变硬。莫纳汉发现一个密封的玻璃容器可以很好地储藏面团，他的方法后来成为行业标准。

那种绞肉机的作用被充分发挥，达美乐用它来切奶酪，而且用它揉面比普通的混合器快9倍。如果你发现多功能机器就赢了。

莫纳汉也在积极寻找不用机器就可以快速发面的办法，还有给面饼加顶料。在《比萨老虎》一书中，莫纳汉说："在做比萨的日子里，我特别擅长一个手部动作，用来加奶酪特别棒。我来回滚手掌，像洗牌一样。这个办法很快，也很简单，不浪费奶酪。"莫纳汉承认，他不是奶酪处理大王，而泰瑞·沃伊斯是。沃伊斯的手腕动作特别灵活，奶酪在他的手上像液体一样流动，均匀地洒在比萨上。不仅如此，莫纳汉还发明了一种技巧，用一把小切割刀把比萨均匀切割，直径约 2 英寸。他认为，使用当时较大的 3 英寸轮子切割很慢，效率也低。他观察到，用大一点的轮子切割之所以受欢迎，是因为它们可以让人的手指远离很烫的比萨表面。

莫纳汉还注意运营的后端，比如派送。达美乐的传媒和投资者关系高级副总裁蒂姆·麦金太尔（Tim McIntyre）表示，在运送比萨的过程中使用的隔热保温袋实际上是达美乐发明的，用来为比萨保温。为改善顾客的购物体验，达美乐还减少了门店的派送距离半径，原来每家店的地理区间，派送时间是 9 分钟，后来降至 6 分钟。那 3 分钟的派送时差，达美乐用开新店来解决。

供应派送的中心化

除让揉面和发面过程更有效外，莫纳汉还把准备工作中的很多环节中心化，在一个独立的中心地点完成。设立中心店使每个零售店减少了工作量，也不需要准备所有的食材。所有的门店只需要做组合、烘焙以及派送的事。1978 年，达美乐中心店的规模越来越大，大到需要一个人专门管理。莫纳汉雇用了唐·弗尔切克（Don Vlcek）

去管理中心店。中心店为168家达美乐门店提供服务,并帮助它们改善经营状况。

中心店是为所有门店生产和分派食材的区域性中心。"弗尔切克让中心店运营得更有效,把一家做得好的中心店的做法复制到全部中心店。"比如:

> 弗尔切克发现有一家店省了很多清洗费,原来这家店在用毛巾擦干盘子前,先好好洗一遍,所以在清洗前可以用一个星期。弗尔切克让所有的中心店都照做。当他发现一家中心店的经理从一家当地的奶酪供应商进货,而不是从一家相对便宜的全国性供应商那里进货时,便改变了采购规定。弗尔切克把酱料混合工序从中心店移到了番茄酱包装厂,这个决定使比萨酱的品质得到了保证。当弗尔切克把基本事务都捋清后,他试过每个月开一家新的中心店,就这样持续了8个月,每家店的设备都是一流的。

汤姆·彼得斯(Tom Pettes)在博客中写道:1986年,在弗尔切克接手中心店8年后,中心店变成了价值3.15亿美元的独立生意,它为达美乐供应面团、顶料、机器设备,甚至为特许经营商准备促销产品。自从弗尔切克接手后,达美乐中心店年均复合增长率是75%。达美乐蓬勃发展,美国、加拿大、联邦德国加起来一共有27个中心店,雇用1700名员工。

回首往事,莫纳汉在《莱格特斯杂志》(*Legatus Magazine*)中回忆当时达美乐的成功时说:

> 必须非常专注!我们只有一家公司——达美乐。这家公司只做一件事——派送比萨——不提供就餐场所。在业绩最好的时代(20世纪80年代),我们只提供两种尺寸的比萨和一种饮料——可口可乐。在大多数店,我们的营业时间很短:从下午4点30分到第二天凌晨0点30分。中心店负责处理食物,所以每个店可以专注于"处理紧急事件",即在高峰销售期能顺利接单。20世纪80年代,我们从300家店成长到5000家店。当时,我们是历史上增长最快的餐饮业公司。我们在比萨派送市场占据的份额是54%。

专注和不断努力改进使达美乐的业绩几十年一直保持增长。但是,直到2019年,达美乐才攀登到比萨业的巅峰。

"我们的第一家店不提供就餐服务。在店的前端有两张小桌子,我觉得四个人坐在那里吃东西不会很舒服。我们必须依靠派送和自助取餐服务。"

——汤姆·莫纳汉

第五章　专注派送

"我们并没有发明派送，但达美乐是第一家几乎完全专注派送的公司。"在接受比萨名人堂采访时，达美乐负责传媒和投资人关系的高级副总裁蒂姆·麦金太尔说道。在回忆创业之初时，他说："我们的派送在生意刚开始时比较慢。当时是12月，孩子们不怎么出门。将比萨派送到学生宿舍真正帮我们扭转了生意的不利局面。"这对于增加销售来说，真是一个明智的策略。

据说，比萨派送服务开始于1889年，第一个接受比萨派送服务的是意大利的玛格丽特女王，而在美国，20世纪40年代才出现比萨派送服务。根据《时代》（*Time*）杂志所述，1944年，纽约餐馆开始出售"可以拿回家的比萨"，这些比萨很热，被包好装进很特别的盒子里。几年后，洛杉矶被认为是世界上最需要比萨派送服务的城市，卡萨·迪阿莫（Casa D'Amore）开始了被认为最早的免费比萨派送服务。

> **在回忆创业之初时，他说：'我们的派送在生意刚开始时比较慢。当时是 12 月，孩子们不怎么出门。将比萨派送到学生宿舍真正帮我们扭转了生意的不利局面。'这对于增加销售来说，真是一个明智的策略。**

除派送以外，达美乐没有太多的其他选择来提升销量。在描述达美乐早期的日子时，Funding Universe 网站表示：莫纳汉的店只有很小的面积让人坐下来吃东西，派送非常关键。第一代派送司机是那些被其他企业裁员的人，同意只收佣金。要想卖出更多的比萨，就需要把比萨送到买家面前，而在 20 世纪 40 年代末期之前，很少有比萨派送服务。

派送是不容易突破的一个有竞争力的壁垒

莫纳汉认为，派送也是获得竞争力的一个好方法。在

2019年接受采访时，麦金太尔说："派送很不容易，所以应该会有优势——对其他竞争对手来说，派送是一个进入市场的障碍。"那个时候，必胜客占领堂食市场，小恺撒（Little Caesars）占领外卖自取市场，所以达美乐专注于派送市场。麦金太尔表示，三个竞争对手和谐相处。

莫纳汉对《财富小企业》杂志解释将派送作为关注焦点时是这么说的：

> 当时比萨派送被忽视了，所以我决定关注于此，现在看来，这是我做得最正确的事。没有人觉得你会在派送上赚钱。大多数公司派送商品的原因是想取得一点儿销量，如果可以的话，它们就会取消派送服务。但我认为，我可以做到。这是一个挑战，我只需知道如何做到。

在20世纪五六十年代，让别人为你做饭意味着你要去下馆子。必胜客那时50%的生意是外卖，但它还是将重点放在把顾客吸引到餐馆来。1963年，必胜客开创了一种模式，其门店包含可以容纳80人的吃饭空间，菜单也被扩充。必胜客主推面饼更厚的比萨，而且加了好几种不同类型的比萨，包括芝加哥平底锅风格比萨。外卖是必胜客的额外收获,而堂食是主要经营业务。在那个时候,派送根本不在它的考虑范围之内。

但是,作者格雷·艾伦(Gary Allen)和肯·艾尔巴拉(Ken Albala)认为市场已经改变:

> 比萨派送服务在"二战"后迅速增加。当时,比萨店在美国到处出现,因为汽车增加,以及士兵新增的爱好。达美乐的创始人汤姆·莫纳汉是20世纪60年代第一个专注于提供快速派送服务的人,但当时没人认为这样做有利可图。

派送业务如何成王

当达美乐还叫达美尼克的时候,莫纳汉把"免费快速派送"作为他的比萨的卖点。当在快乐山开第二家店时,他发了几千张海报宣传免费派送服务。那个分店的销量很快超过了他的第一家在叶普斯兰提的店。比萨派送成为达美乐的标志。

1986年,莫纳汉重新定义了他的"公式",业务增长的公式。《信念》一书的作者詹姆斯·伦纳德解释:

他们基于人口总数去找地方，然后把这个区域平均分成四块来划分派送区域，在区域内租赁或者建造门店，然后用广告来渗透这个区域。随着看起来没完没了的特许经营店的增加，TSM租赁系统逐步收回初始成本，再加上戴夫·布莱克（Dave Black）的运营才华、山姆·范恩的市场营销技巧和唐·弗尔切克精心打造的中央供应系统的支撑，莫纳汉相信他有一个近乎完美的无限赚钱机器。

连同生意中的其他部分，从比萨包装盒开始，达美乐对派送流程持续改进。莫纳汉被认为是历史上第一个使用波浪形纸盒来装比萨的人，而不是用传统的、被使用多年的典型的有保护膜的纸盒。The Balance Small Business网站报道："莫纳汉发明了一种隔热保温盒子，不仅可以让比萨保温，几个盒子还可以一起派送，盒盖不会被压扁而导致奶酪粘到盒上。"莫纳汉同底特律的川埃德包装公司合作，生产出一种硬纸板盒子，可以有效折叠，同时很坚硬，可以保护里面装的东西。旧的比萨包装盒的问题是，由于比萨含有奶酪，顶料有水分和油，所以盒盖底部常常吸收顶料，其结构就变弱；或者，奶酪粘在盒盖底部，和比萨脱离。新的隔热保温盒比旧的单层厚纸盒更能够保护奶酪，让它不被挤坏。

> **连同生意中的其他部分，从比萨包装盒开始，达美乐对派送流程持续改进。莫纳汉被认为是历史上第一个使用波浪形纸盒来装比萨的人，而不是用传统的、被使用多年的典型的有保护膜的纸盒。**

对美食很在乎的人认为，这种盒子对比萨行业来说已经成为标准。这种盒子的底部有折叠双层保护，所以被称为"密歇根式"。可折叠纸盒在需要的时候打开，平时保存的时候是平的，这就节省了很多空间。

在莫纳汉设计这种坚固的派送包装盒前，达美乐已经向前跨了一大步，采用隔热保温的派送袋了。达美乐甚至为这种袋子申请了专利，这种袋子能够有效保温，直到比萨被交给顾客。《PMQ比萨杂志》认为，这种袋子在1983年开始被使用。

> **达美乐甚至为这种袋子申请了专利，这种袋子能够有效保温，直到比萨被交给顾客。**

《PMQ 比萨杂志》认为，这种袋子在 1983 年开始被使用。"

在过去，比萨派送员只用几种不方便的方法运送热食物。有人用毛毯把比萨盒包住，来保证比萨在抵达目的地前一直是热的。还有人用斯特诺冷藏箱。哦，别忘了那些老款金属斯特诺冷藏箱，放在车里有股像烧焦的斯特诺燃料的特别味道。这种金属盒子很笨重，搬运比较麻烦。

《PMQ 比萨杂志》报道，保温袋也许是最被广泛使用的，也有人使用保温碟、电暖器等为袋子加热。

达美乐还发明了现在非常普及的被放在车顶的 3D 可分离式标示牌。它目前已经被广泛应用于各行各业，比如出租车和驾驶学校。3D 标示牌是一种特别聪明的广告方式，它可以在自己服务的社区为企业做宣传，不用付额外的费用。

莫纳汉有一种发现机遇的天分，并知道如何立即行动。从大的层面来说，这就是达美乐在比萨市场获得优势的根本原因。他不断创新，而首先就从派送开始。

"达美乐最大的创新是派送。它向顾客发出最著名的承诺,顾客在下单后30分钟内收不到比萨,就可以免费享用。在多年研究比萨生产派送流程后,这个主意产生了。"

——*INC.*杂志

第六章 30分钟承诺

达美乐的快速派送闻名遐迩,莫纳汉在很早的时候就认定这将是公司最重要的差异化优势。更具体地说,在30分钟或更短的时间里完成派送成为达美乐最初的承诺。根据《企业家》(*Entrepreneur*)杂志描述,这就是从第一家店开始,莫纳汉对公司的愿景之一。

"30分钟完成派送这个主意来自我的坚持,一定要给顾客优质的比萨,"莫纳汉在《比萨老虎》一书中表示,"如果只是使用最好的食材,而抵达顾客手中的时候,比萨都凉了,而且吃起来索然无味,那有什么意义呢?"为激励派送员以最快的速度派送,莫纳汉奖励那些收回现金最多的派送员。

那个时候，比萨店会在比萨做好的时候派送，不管什么时候做好，也没有什么标准。比萨在 20 分钟到 2 小时内送达顾客，没有其他公司考虑控制派送流程。从竞争角度出发，顾客选择一家比萨店基于比萨的味道和价格，而不是派送。莫纳汉表示，达美乐决定将重点放在派送上面的策略让他第一家位于东密歇根大学的店成为当时"全国最忙的比萨店"。

30 分钟承诺的开始

1973 年，第一个 30 分钟承诺出现了，达美乐推出一个名为"或者 30 分钟，或者减掉半美元"的计划。Funding Universe 网站报道，那一年，对于达美乐来说是一个转折点。很明显，那个承诺也引来了竞争对手的注意，有些竞争对手也在宣传中加入了提升派送速度的内容，于是也获得了更多的市场份额。

但是，所有的达美乐比萨店都采用 30 分钟派送策略又花了 10 年时间。1984 年，达美乐将 30 分钟承诺开始在各个门店实施，如果比萨不能在 30 分钟内送达，顾客将免费得到比萨。直到 1986 年，如果派送延迟比萨将免费的政策一直有效。在这之后，如果比萨派送时间超过30分钟，顾客将获得3美元抵扣。《纽约时报》说，派送策略是"让达美乐快速增长，成为全国最大的比萨派送公司"的核心因素。

> **但是，所有的达美乐比萨店都采用30分钟派送策略又花了10年时间。1984年，达美乐将30分钟承诺开始在各个门店实施，如果比萨不能在30分钟内送达，顾客将免费得到比萨。直到1986年，如果派送延迟比萨将免费的政策一直有效。在这之后，如果比萨派送时间超过30分钟，顾客将获得3美元抵扣。《纽约时报》说，派送策略是'让达美乐快速增长，成为全国最大的比萨派送公司'的核心因素。**

从表面看起来，快速派送依靠司机的技术或者速度；实际上，比萨能否按时抵达顾客手中更取决于门店如何准备。订单来了多快可以记录并处理、比萨制作多快可以开始、比萨多快可以进入烤炉，这些对于是否能够准时派送来说都有着重要的影响。达美乐采取了一些措施：

达美乐在密歇根州安娜堡的发言人蒂姆·麦金太尔表示,作为整个接力团队中的后援成员,派送员从来不会因为派送延迟被公司扣钱。事实上,任何比萨在接到订单后的25分钟内如果不能离开门店,将会被标记"迟了",顾客应付的价钱将会被调整。

关注追求派送速度带来的问题

但是,保证派送速度的确为公司带来了问题。直至1989年,根据Funding Universe网站的报道,达美乐派送司机的死亡事件超过20件,公众对达美乐的压力不断增加,质疑达美乐的派送策略导致意外发生。其中一位特许经营店老板甚至雇用一名下班的警员去调查派送司机的开车习惯,以确保他们没有超速。后来,公众的谴责声越来越强烈,以至于无法被忽视。反对30分钟承诺的消费者甚至组织了"人民"乐队来反对危险驾驶,并且游说政府反对达美乐的做法。

反对30分钟承诺的声音在1993年达到了高潮,这是因为一个很著名的官司。这个官司是因为一位达美乐的派送司机在1989年闯红灯,发生车祸,导致另一位司机头部和脊椎受到伤害。受害人名叫琼·金德（Jean Kinder），她来自圣路易斯，获得7900万美元的伤害赔偿，并且迫使达美乐重新审视它的派送承诺。为打消公众对其派送司机经常超速的印象，或者改变公众认为30分钟承诺有安全隐患的观点，达美乐立即改变了促销政策。

不用退钱来补偿派送延迟，相反，达美乐把重点放在极致满意保证策略上。达美乐保证，不管顾客因为什么原因不满意，将为顾客再做一份比萨或者退钱。

诺伊德首秀

1986年，达美乐放弃了30分钟承诺，同时推出了公司第一个吉祥物，名叫诺伊德（Noid）。市场营销公司Group 243创造了这个形象，其名称源于"令人讨厌"（annoyed）这个词，很多人认为这个吉祥物是史上最让人讨厌的吉祥物之一。Priceonomics网站描述：

> 一个看起来像山野巨人的东西，穿着红色紧身衣，有兔子一样的耳朵和牙。为这个吉祥物做动画效果的威尔·文顿（Will Vinton）把它形容成一个"为

实现30分钟或更短时间把比萨派送给顾客，面对所有挑战的实际结合体"。整个20世纪80年代，达美乐发布了一系列广告，广告里面显示"诺伊德"专门让比萨消费者的日子不好过。

《快速成长公司》（*Fast Company*）杂志更夸张地把对诺伊德的负面评估放大："对比世界上最糟糕的企业吉祥物，诺伊德是一个独特的家伙。一个语速很快、大肚子、长着兔牙的坏人被塞进一个紧身兔的道具服装里，诺伊德就像是汉堡包类型的形象，目的是延迟比萨派送。"

达乐美的吉祥物——诺伊德

尽管诺伊德的形象看起来很疯狂，它在消费者中还是引起了巨大反响。在接下来的三年内，达美乐的广告语时常警告比萨热爱者要'小心避开诺伊德',并且承诺它的比萨是'不受诺伊德影响的'。诺伊德非常受欢迎,并衍生出两款电子游戏、一条玩具生产线和其他产品。它如此受欢迎的部分原因是威尔·文顿工作室,这个曾经创造出加州葡萄干品牌的公司,被聘用以动漫形式把诺以德的形象描绘得活灵活现。它集古怪、酷炫、疯狂于一体,令顾客趋之若鹜。

后来,有一个精神失常的22岁的人用枪挟持了两个达美乐员工做人质。在这件事发生后,对诺伊德的宣传就停止了。此人名叫肯尼·拉玛·诺伊德(Kenneth Lamar Noid),他坚信达美乐创造这个吉祥物是要惩罚他。被挟持的达美乐员工后来成功逃脱,也没有受到伤害,但这件事对达美乐的品牌造成了损害。诺伊德的形象完全消失了很多年。

> **"** 尽管诺伊德的形象看起来很疯狂,它在消费者中还是引起了巨大反响。在接下来的三年内,达美乐的广告语时常警告比萨热爱者要'小心避开诺伊德',并且承诺它的比萨是'不受诺伊德影响的'。诺伊德非常受欢迎,并衍生出

两款电子游戏、一条玩具生产线和其他产品。"

达美乐从未预料到这种情况,也没做好准备,但这并未影响其不断上升,成为比萨供应商的领军人。1993年,《纽约时报》报道,达美乐成为美国最大的比萨派送公司。时至今日,达美乐仍旧不断创新和改进派送流程,同时打造高效的门店模式。

"在61岁时,我思考尚未完成的目标,决定从达美乐的日常事务中退出来,花更多的时间为慈善事业做贡献。"

——汤姆·莫纳汉

第七章 莫纳汉曾经两度希望卖掉达美乐

在天主教家庭中长大,莫纳汉曾经希望成为神父,信仰在他的生命中一直引领着他,包括如何经营达美乐。在创业初期,探索信仰对他来说是次要的,因为他几乎没有时间睡觉和吃饭。但是,这件事对他来说并非不重要。即便在那个时候,莫纳汉也认为自己是"积极的天主教徒——周日早上去做弥撒,在追求圣洁和消除罪恶的道路上能做多少做多少,并不断进步"。

20世纪80年代初,他的信仰又回来了,并成为他生活中最重要的事情,特别是当他听到别的商业和体育领袖积极去追随自己的信仰的时候。他在《全国天主教名册》(*National Catholic Register*)里写道:

"1984年，当我听说迈阿密海豚队的前教练唐·舒拉（Don Shula）每天也去做弥撒后，我决定每天也去做弥撒。之后不久，神父罗伯特·蓝斯福（Robert Lunsford）讲玛利亚如何一次又一次地出现，重点讲《玫瑰经》。那件事震动了我，因为那是玛利亚所要的。这一定很重要，不然她不会大费周章地去宣讲这件事。我觉得至少每天我可以花15分钟来读《玫瑰经》。"

对宗教的信仰引发了他的一系列个人决定，并最终影响了达美乐。1989年，莫纳汉从达美乐基金中支出的慈善捐款从15.7万美元升至200万美元，而其中最主要的受益者是洪都拉斯的一个传教点。从那时开始，达美乐的捐款开始更多围绕政治话题。

全国妇女组织的抵制

20世纪80年代末期，当个人关注点和兴趣转变后，莫纳汉开始支持具有天主教背景的慈善组织及其诉求。1988年，他捐了一笔钱，用于资助一个全国性的反堕胎服务基金。莫纳汉是反堕胎者,他及达美乐基金会的财务支持反映了这一点。《纽约客》(*New Yorker*)杂志对捐赠的报道如下:

> 1988年,密歇根州选民正在考虑举行公投,以维持州政府对堕胎行为的资助,而这项资金在前一年已经被州立法机构通过投票取消了。对于支持堕胎的人来说,这是一个早期尝试,试图用公投来保证妇女有堕胎的权利。

" 20世纪80年代末期,当个人关注点和兴趣转变后,莫纳汉开始支持具有天主教背景的慈善组织及其诉求。1988年,他捐了一笔钱,用于资助一个全国性的反堕胎服务基金。"

作为对此的回应,美国全国妇女组织(NOW)发起了一项在全国抵制达美乐的运动。1989年1月,抵制达美乐的活动开始。此次抵制的导火索是,莫纳汉决定取消一个原本定于在安娜堡的达美乐农场举行的筹款活动。莫纳汉之所以拒绝举办这个活动,是因为他得知筹款将被用于支持"人民的选择运动"。1988年,他同样捐赠了11

万美元给"国家资助结束堕胎委员会"。

抵制者声称,莫纳汉用卖比萨赚来的钱推广没有责任感的土地开发活动、限制妇女的生育自由,以及在中美洲支持右翼政治力量。

在遭到近一年的抵制之后,1989年,莫纳汉宣布有意卖掉达美乐,震惊了商业圈。当被问到是否因为被抵制的缘故时,莫纳汉否认了。

> "有人问我,是否达美乐被抵制影响了我的思考,"莫纳汉接受《洛杉矶时报》采访时说,"其实没有,因为抵制没有伤害到我们的生意。但是,我不希望因为个人对社会话题的支持影响到我的特许经营者。"

尽管莫纳汉否认,《底特律新闻》(*Detroit News*)专栏作家鲍勃·泰伯特(Bob Talbert)还是在1989年10月22日的专栏中写道:"达美乐现在一周收入才5500美元的店越来越多——这个数字表示没有盈利——比以前多很多。"

多年之后,莫纳汉承认全国妇女组织的抵制让他决定离开自己亲手创办的公司:

"1988年的事情，是我想卖掉公司的原因。我觉得抵制活动将对很多依靠达美乐生活的人造成很大的影响。我觉得我可以冒险，也愿意这样做，但我并没有权利让其他人冒险。于是，我决定卖掉我的公司。如果可以做任何事情，就像因为我导致抵制活动那样，我将愿意去做。"

1989年，达美乐在美国有近5000家店，在其他国家共有近260家店。必胜客是一家顶级比萨企业，拥有38%的市场份额，达美乐发展迅猛，排第二位，拥有32%的市场份额。《纽约时报》报道，达美乐在全世界雇用大约4万名员工。达美乐在1988年的销售额为23亿美元，净收入为610万美元。一年后，其销售额是25亿美元，净收入为510万美元。

莫纳汉离开

在全国妇女组织的抵制给达美乐的经营带来压力之前，达美乐已经在通过削减支出以提高盈利上面临困难。《纽约时报》报道，从1987年开始，"达美乐说要裁员，并且减少医疗福利支出,来降低成本。这些努力在创始人汤姆·莫纳汉最近决定出售比萨派送公司后,进一步升级了。一位公司的发言人宣布,安娜堡的公司总部以及全国的13个办公室,裁员近100人。目前由公司支付的医疗福利费用将与员工分摊"。

在他想卖公司的传闻流出之后,莫纳汉在1989年年底确认,他正在与潜在的买家洽谈。他将把时间更多地放在慈善事业上。在一封写给800名达美乐特许经营者的信中,莫纳汉告诉他们:"给达美乐与我的基金会一样的注意力并不公平。"

威廉·利奇(William Leach),一名在多纳森-卢夫金与詹瑞特公司(Donaldson, Lufkin & Jenrette)工作的分析员预计,如果卖掉达美乐,莫纳汉可以收回大约10亿美元(他把公司以12亿美元出售)。可口可乐,以及必胜客的东家百事可乐,据说都是竞买人。莫纳汉任命戴夫·布莱克为达美乐总裁和首席执行官,布莱克两次获得达美乐年度最佳特许经销商的称号。这样,莫纳汉就可以完成任务了。然后,他做了一个出售达美乐的计划,以员工股份期权的形式,但没有成功。莫纳汉不再参与达美乐每日的日常运营工作,把自己同达美乐以及一些准备出售的机构分隔开，包括底特律老虎棒球队和一些房地产物业。他坚持为达美乐报价12亿美元。

但是，因销售下滑，达美乐必须把注意力放到如何止血上。1990年春，Funding Universe网站报道，达美乐砍掉了公共关系和国际营销部门，裁减行政管理以及支持部门的员工，以此降低成本，提高利润，"那一年光开工资就减少了2400万美元"。1991年，这些努力还在继续，达美乐关掉了大约125家不盈利的店。1990年，达美乐销售额为26亿美元，在1991年跌到了17亿美元。1991年，约一半的达美乐比萨以折扣价出售。

达美乐门店扩张也缓慢下来。1989年和1990年，达美乐只开了不到300家店。而在20世纪80年代，平均每年它都固定增加500家店。莫纳汉拥有超过98%的达美乐的股份，他宣布，为配合1992年的公开上市计划，他将出售一部分股份，但仍然持有大部分股份。他把名下几个公司捆绑在一起上市。现在回头看，那也可能是为什么当初达美乐上市不成功的原因。

" 但是，因销售下滑，达美乐必须把注意力放到如何止血上。1990年春，Funding Universe 网

> 站报道，达美乐砍掉了公共关系和国际营销部门，裁减行政管理以及支持部门的员工，以此降低成本，提高利润，'那一年光开工资就减少了 2400 万美元'。1991 年，这些努力还在继续，达美乐关掉了大约 125 家不盈利的店。"

达美乐的上市计划没有成功，因为华尔街专业人士发现上市企业包括一系列非比萨业务的公司——一个控股公司、一个投资公司，以及阿韦·玛利亚基金会（Ave Maria Foundation），这个基金会每年亏损 4000 万~7000 万美元。

除非达美乐的财务状况好转，否则莫纳汉面临无法出售达美乐的情况。1991 年 12 月 7 日，莫纳汉宣布，他将返回达美乐上班。他告诉《财富小企业》杂志："除了回归我没有其他办法，我们有 5 亿美元的债务。"

> "除非达美乐的财务状况好转，否则莫纳汉面临无法出售达美乐的情况。1991 年 12 月 7 日，莫纳汉宣布，他将返回达美乐上班。他告诉《财富小企业》杂志：'除了回归我没有其他

办法，我们有 5 亿美元的债务。'"

莫纳汉回归，重振达美乐，将其卖给贝恩

回归后，莫纳汉立即把达美乐的财务之舟调整到正确的方向。他清理了管理层，在 1992 年又清理了一次。他关闭了 4 个区域性总部，然后推出了一款新比萨，这款比萨有更多的奶酪和顶料。然而，达美乐的进步并不明显，1993 年的销售额下滑到 23.75 亿美元，而 1990 年的高峰期是 26 亿美元，其门店总数从 1991 年的 5428 家下降到 1993 年的 5099 家。莫纳汉继续削减开支。到 1993 年为止，他降低成本，关店，关区域办公室，还解雇了 600 名行政人员和管理人员。然后，达美乐的情况开始好转。

1994 年年末，达美乐的销售额上升到 25 亿美元，这是 5 年来的第一次。这种上升趋势在莫纳汉的领导下又持续了 5 年，直到 1998 年，也是在那一年，莫纳汉将达美乐 93% 的股份卖给贝恩资产公司（Bain Capital, Inc.，简称"贝恩"），把达美乐正式改名为达美乐股份有限公司。TheStreet 网站报道，贝恩用 11 亿美元购买了达美乐的

6100家店。同一年,达美乐估计销售额达32亿美元,来自4489家美国本土店和1730家国际店。莫纳汉在退休时,给达美乐留下了强大的基础,在贝恩新的领导之下,达美乐朝着积极的方向发展。

"很明显,派送服务在餐饮业快速发展开来,在其他领域也蓬勃发展……当然,达美乐、必胜客和棒约翰等比萨企业正面临一些问题,派送服务对其核心业务具有潜在影响。"

——《餐馆生意》

第八章 抄袭者如何赶上

20世纪80年代末期,当莫纳汉还拥有达美乐的时候,《纽约》(*New York*)杂志报道,比萨成为美国快餐业发展最快的食物。在20世纪80年代中期和90年代初期,比萨在餐饮市场中的增长速度是最快的。根据盖洛普调查数据,比萨在年轻人和单身人士中是最受欢迎的外卖食物。截至1987年,《纽约时报》报道,在价值80亿美元的比萨市场中,大约25%的订单包括派送服务。该报当时预计,到1990年,比萨市场价值将升至120亿美元,包括派送服务的订单将超过33%。

这是一个开胃餐市场,由珍惜时间的年轻专业人士推动。分析师表示,派送到户是为了满足双职工夫妻。很多家庭刚刚组建，他们有足够的钱去餐厅吃饭，但通常没有时间和欲望。根据美国劳工统计局的统计，56%的美国家庭夫妻双方都需要工作，而其中超过三分之一的家庭每年收入超过 5 万美元。所以，《今日比萨》（*Pizza Today*）报道，派送到户虽然被认为只占很小的市场份额，但一直比零售和开车路过购餐市场增长得快。

虽然为顾客提供便利是推广派送服务的原因，但利润才是吸引商家的根本。根据美国餐馆联合会（National Restaurant Association）的数据，比萨的税前利润是 30%，相比之下，普通快餐食品的平均利润为 9%。

1992 年，《纽约每日新闻》（*New York Daily News*）报道：

> 比萨行业——堂食或派送订单——是一个价值 170 亿美元的大生意，其中多数顾客不是在店里消费的。根据伊利诺伊州帕克里奇市的市场调研公司 NPD Crest 的报告，自 1987 年以来，派送和自取订单占比由原来的 65% 上升到 67%。

正因为达美乐在比萨业内获得了如此好的成绩，其销售额一直在攀升，所以大家一点也不奇怪必胜客将注意力转移到派送到户上。更高的利润、持续扩展的市场、不断上升的需求，这些听起来都是很不错的消息。把所有信息加在一起，它们展示的是一个潜力很大的"完美风暴"，将带来非常大的收益。

必胜客挤进派送市场

1980年最著名的比萨品牌是必胜客，它占据堂食比萨市场几十年。1986年，必胜客拥有5000家店；1985年，达美乐拥有3000家店。但在1986年，必胜客开始效仿达美乐，增加了给顾客派送比萨的服务。《纽约时报》报道：

> 在忽视很多年后，必胜客和其他同行见证了达美乐借助派送到户业务飞速增长。随着夫妻双方都有收入的家庭的增加，人们有足够的钱下馆子，达美乐发展迅猛的派送到户和自取业务去年取得了10.8亿美元的销售额。只有必胜客比它的销售额高，堂食销售额为21.5亿美元。

依靠强大的资金支持，必胜客投资了7500万美元来打造派送到户业务，并且还准备了促销券。在7500万美元投资中，有5000万美元被用于打造一个独立的网络系统，这个网络是由几百个特别设计的派送店组成的，必胜客计划在1986年开设400家店。

必胜客用在派送业务上的投资几乎马上就收回来了。1988年，必胜客表示，派送到户业务已经占其总销售量的25%，而且是业务中增长最快的。1991年，必胜客的派送到户业务已经达到了10亿美元的销售额。

1986年，当必胜客还未进入比萨派送市场的时候，达美乐几乎占领了这个板块的全国市场。但是，在1989年到1992年，必胜客在派送次数上所占份额增长到19.8%，销售收入份额增长到20.2%，而达美乐派送次数所占份额跌到了46%，销售收入份额跌到了46.6%。比萨派送之战如火如荼。

> **"必胜客用在派送业务上的投资几乎马上就收回来了。1988年，必胜客表示，派送到户业务已经占其总销售量的25%，而且是业务中增长最快的。1991年，必胜客的派送到户业务已经达到了10亿美元的销售额。"**

小恺撒抢占超值的特殊市场份额

当必胜客决定同达美乐抢占派送市场的时候,小恺撒占领了外卖自取市场。1960年,莫纳汉在密歇根州创建达美乐;1959年,小恺撒在密歇根州花园城(Garden City)创建第一家店,那个地方在底特律城外。《洛杉矶时报》报道:"这家店只提供外卖自取服务,这在当时很不寻常。"

1962年,第一家小恺撒特许经营店在密歇根州沃伦开业。1969年,小恺撒开了第50家店。Funding Universe网站记载,1971年,虽然有些小恺撒店提供送餐服务,但它已经确立了自己的发展方向,那就是只提供外卖自取服务。和达美乐、必胜客一样,小恺撒在20世纪七八十年代也实现了迅猛发展,因为那时候比萨成为一种流行食物。1979年,小恺撒制定"两个比萨、一个价钱"的策略,独创宣传语"比萨!比萨!"。1980年,它已有226家店,总销售额达6360万美元。小恺撒的销量快速增加,到20世纪80年代中期,销售额达3.4亿美元。Funding Universe网站总结了小恺撒的市场定位:

面对市场饱和的情况,这家公司成功扩张是因为它抓住了两点:两个比萨只收一个比萨的价钱,以及只做外卖自取服务。大约98%的小恺撒门店面积为1200~1800平方英尺,只提供外卖自取服务。这样一来,它的费用开支比那些提供堂食或者外卖派送服务的企业要低得多,因为不需要服务员、领位员、洗碗工,以及派送人员。

从那时开始,小恺撒的门店数量一直增长,到1992年已有超过4000家店。有人说在1992年或者1993年,小恺撒已经超过达美乐,成为北美排名第二的比萨连锁店,年销售额达21亿美元。

> **有人说在1992年或者1993年,小恺撒已经超过达美乐,成为北美排名第二的比萨连锁店,年销售额达21亿美元。**

与当时比萨行业其他引领者不同的是,小恺撒将自己定位成给消费者提供价值者。"虽然鼓吹价值,但小恺撒远远不是价值领袖。"Encyclopedia.com网站认为,必胜客的主要特色是堂食、红屋顶餐馆,而达美乐以派送服务出名。必胜客和小恺撒也参与派送服务（小恺撒最早在20世纪60年代派送比萨，20世纪70年代只做外卖自取服务）竞争，但没有人能在这个细分市场打败达美乐。小恺撒有一些堂食店，包括在K超市里面的"比萨站"，但必胜客占领了堂食市场，拥有8600家店。

棒约翰：连锁店的后起之秀

达美乐成立很多年之后，1984年，约翰·施纳特（John Schnatter）购买了价值约1600美元的二手餐馆设备，利用他爸爸的酒吧后端一个放扫帚的橱柜，开始制作比萨。他像卖圆饼一样卖比萨，两年之后，便开始做特许经营生意了。1989年，施纳特把公司总部从印第安纳州南部移到了肯塔基州的路易斯维尔。

Funding Universe 网站报道，1992年，棒约翰比萨（Papa John's Pizza，下文简称"棒约翰"）已经创造了近5000万美元的收入。1993年，仅有232家店的施纳特将公司上市了。一年之后，棒约翰成为美国排名第七的比萨连锁店。Encyclopedia.com 网站报道，仅仅两年之后，该公司排名上升到第四名。棒约翰的销量以惊人的速度持续上升。《时代》杂志报道："在过去五年中，棒约翰（1997年销售额为8.68亿美元）是四大比萨连锁店中唯一一家市场份额百分比以两位数增长的公司。"

1999年，棒约翰上升到比萨业的第三位。它获得如此成绩靠的是在品质和派送上的差异化。《企业家》（*Entrepreneur*）杂志的一篇文章说："施纳特注意到，虽然全国连锁店也许会派送比萨到你的家门口，但那些产品质量更好的本地比萨店，不会提供同样的派送服务。施纳特注意到这个市场中的缝隙，于是决定将棒约翰打造成品质优良的派送比萨店。"

施纳特向《商业内参》（*Business Insider*）解释他思考的过程：

> "在那个时候，达美乐拥有速度优势，小恺撒拥有价格优势，必胜客拥有多样化优势，但其余65%的比萨店是独立的。于是，我对自己说：如果你拥有一个连锁店，却像独立店那样，会怎样？如果你拥有的连锁店专注于品质，会怎样？这听起来结果很明显。"

施纳特是一个认准事情就会去坚持的人。他不像其他餐馆老板，不断为菜单注入新内容，比如鸡翅、沙拉或甜点，来获得更多的收入。他坚持开发"最完美的比萨"，以提供给顾客。并且，就像莫纳汉一样，施纳特意识到中央供应系统对于采购和派送物料是高效的。他的中央供应系统常常被行业分析师及公司高管认为是棒约翰获得成功的关键。

但是，让棒约翰在早期就发展得好的原因是施纳特坚持承诺，去制作最完美的比萨。1998年，《时代》杂志的一篇文章写道：

> 施纳特，36岁，当谈论到他的比萨的酸甜比例的时候会表现得很激动，这种比例让棒约翰的比萨有一种独特的甜味。他让简单成为最重要的事。必胜客提供多样性；达美乐注重快速派送；小恺撒的比萨最便宜。棒约翰没有让顾客就座的位子，只提供两种比萨——没有沙拉、三明治或者巴法罗鸡翅——只要任何一个比萨的品质打到8分（满分10分），就重新制作。举两个例子，奶酪中不能出现一个气泡，饼底必须是金褐色，做不到的员工就要离开。这种对细节近乎痴迷的专注帮助棒约翰赢得由《餐馆和行家》(*Restaurants and Institutions*)杂志评比的

美国最佳比萨连锁店称号。

最后,达美乐战胜了所有的竞争对手,在2019年实现了成为美国顶级比萨店的目标。达美乐实现这个目标不只是通过重视派送服务,这么多年来,它彻底完善菜单内容,努力让比萨的味道获得绝大多数美国人的喜欢。它也竭尽全力削减开支、增加销量,来获得更大的利润。它优化了顾客下单和派送的流程,增加了很多功能性和沟通性的工具,以满足顾客对细节的渴望,比如顾客很想知道他们订购的比萨什么时候到达。综上所述,所有的因素将达美乐推向顶峰。

"达美乐现在面临更严峻的竞争，其竞争对手便是经历低谷却越来越强的必胜客。这个属于百胜餐饮集团的比萨连锁店，通过赞助美国职业橄榄球大联盟获益……甚至棒约翰也强势回归。"

——美国有线电视新闻网（CNN）商业频道

第九章 竞争白热化

20世纪80年代,为了满足日益增加的对食物的需求,越来越多的新的比萨连锁店进入市场,世界比萨市场增加到几十亿美元的级别。但是,截至1990年,比萨市场的扩张好像已经抵达顶峰,观察者开始警示市场的下滑。

1991年,《今日比萨》杂志的出版人杰瑞·德内尔(Gerry Durnell)告诉《洛杉矶时报》:"市场几乎已经饱和了,结果就是比萨餐馆的竞争非常激烈。从1988年到1991年,新增比萨餐馆的数目远远超过需求。"他预见行业洗牌即将来临。

比萨市场冷却

《洛杉矶时报》报道,20世纪90年代中期,必胜客、小恺撒和达美乐加起来几乎占整个行业50%的销量。行业领导者必胜客占领堂食市场，小恺撒拥有外卖自取的特殊市场，而达美乐是派送市场的老大。它们是"行业三巨头"。

20世纪80年代，比萨的销量每年增长10%，美国餐饮业联合会预测，比萨在1995年前取代汉堡包成为"全国第一快餐"。由于被这个预测困扰，汉堡包业主联合其他快餐业主一起推广省钱计划，以遏制这个趋势。结果，市场对比萨的需求真的放慢了。芝加哥餐饮业咨询机构Technomic认为，1994年比萨销量仅上升2.2%，比之前多年的10%的增长率低很多。如果总体顾客不能增长，企业只能从同行那里想办法，业界主要的大公司不约而同做了决定。

> **20世纪80年代，比萨的销量每年增长10%，美国餐营业联合会预测，比萨在1995年前取代汉堡包成为'全国第一快餐'。**

比萨卖家将注意力转移到了派送上，在派送上相互竞争。1995年，必胜客和达美乐分别占派送市场35%的份额，剩下的小企业占了30%。就在这时候，小恺撒决定进入比萨派送领域，它在1995年宣布，在自己85%的门店中（其共有4600家门店）提供派送服务。而在一年以前，仅有155家小恺撒门店提供派送服务。

广告战开打

当市场对比萨的需求开始冷却时，竞争对手同时加大了市场营销推广。必胜客对达美乐的派送业务发起了挑战。1991年，必胜客拍摄视频广告大力推广自己的派送服务。在视频中，一位顾客用一张写着必胜客电话号码的纸条盖住了达美乐的派送电话号码。其他广告也突出必胜客派送业务的存在，以及邀请顾客去必胜客吃晚餐。

作为比萨市场的引领者，必胜客在派送业务方面落后于达美乐，它非常渴望改变这个现状，特别是当整个比萨市场下滑时。Technomic的老板南希·克鲁斯（Nancy Kruse）认为，必胜客的策略是"直击达美乐有竞争力的核心部位"，"击中顾客最关心的热点"。必胜客对于派送到户的态度就是，当"我"想

要的时候就能得到。

1991年,必胜客的大多数广告都是直接针对达美乐的,但那年年底,必胜客把重点放在为顾客提供的好处上——比萨的口味。在接下来的几个月内,它主要去抢夺竞争对手使用派送服务的顾客。

此后几年,行业内的争吵和竞争形成常态,竞争对手力争在不同方面碾压对手。棒约翰是下一家进入比萨大赛的公司,它的第一个全国性电视广告选择向行业引领者必胜客正面发起挑战,"看谁的比萨更新鲜"。愤怒的必胜客高层以一场联邦法院的官司来正面回应,起诉对方发布虚假和欺骗性广告。

之后达美乐加入进来,抗议棒约翰的广告。达美乐和必胜客都去美国商业促进局下属的国家广告部(NAD)提出抗议,要求棒约翰修改它的广告。它们说棒约翰鼓吹自己的比萨更新鲜,同时暗示竞争对手使用了隔夜面团及罐装的番茄酱制作比萨。但是,它们的抗议失败了。

棒约翰的策略是强调比萨的味道,这显然戳中了顾客的神经,从此大多数比萨竞争对手调整了广告策略。棒约翰提出,它的比萨比必胜客或者达美乐的好吃,于是两家企业开始反击。必胜客展开一个代号叫作"阻止爸爸"（Stopa the Papa①）的计划。达美乐广告不再强调它的派送服务的高效，而是投放新的广告，专注于宣扬产品质量。

价格战开始

当比萨销量下降时，比萨连锁店促进销售额的有效方法是降价，或者开发具有价值导向的产品和服务。《洛杉矶时报》的一篇文章解释这种变化的原因：

> 来自最大的两家比萨连锁企业——必胜客和达美乐——的超值产品，将快餐连锁店的价格战升级。比萨连锁店紧跟汉堡包连锁店，在1992年采取套餐和"买一送一"的策略，实现顾客流量的增长，使业绩增加。

引领"价值责任"的是小恺撒，它第一个建立"价值小众"概念，提出用一个比萨的钱买两个比萨。《洛杉矶时报》报道："最近这些年，必胜客和达美乐用大

---

① 棒约翰英文名称为"Papa John's"。——编者注

幅度降价及增加品种来应对（小恺撒的策略）。"比萨业的压力还来自其他类型快餐企业，比如麦当劳，它推出套餐计划，同样促使快餐价格降低。

必胜客推出"大足"（Bigfoot）比萨，大小为1英尺×2英尺，共21块饼，价格为9～11美元。必胜客的市场营销负责人当时预测，这个新单品将在1995年前创造10亿美元收入，或者占必胜客销售总额的23%。为了回应，达美乐也决定推出自己的巨型产品——"达美乐终结者"。其共有30块饼，同样是9～11美元的价格。达美乐原计划在1993年7月推出这一产品，但最终在5月就宣布推出，这主要是出于竞争的压力。

"达美乐终结者"也是达美乐第一款进入外卖自取市场的主要产品。由于尺寸较大，以及形状为长方形，它成为第一款达美乐不会派送的产品，顾客要自己去拿。达美乐称其不想派送"达美乐终结者"的原因是，担心影响其他价格更高的比萨的销售量。

非比萨竞争

20世纪90年代，比萨市场发生了转变，偏离了看起来到处都是的标准比萨。小众比萨品牌出现，比如加州比萨厨房（California Pizza Kitchen），或者独立烧木比萨。人们也会在波士顿市场（Boston Market）或冷冻食物超市买一块比萨。不少比萨店推出自有品牌的冷冻食品。比萨开始在到处出现。2000年新的热点市场在哪里？《华盛顿邮报》报道：

> "随意食物"是一种同快餐相似但不是快餐的食物（我们马上提到这点）。市场研究机构Euromonitor的数据显示，自1999年以来，"随意食物"市场快速增长，超过同一时期快餐行业增长的10倍。奇波雷（Chipotle）是这个领域最出名的供应商，其销量在那个时期增长了4倍；帕内拉（Panera）是另外一个常被提到的企业，其销量增长了3倍。沙克-沙克（Shake Shake）是汉堡包连锁店，虽然只有36家店，但因为业绩太好就直接上市了。

美国人仍然喜欢比萨，但在晚餐时，有时还会吃沙拉、寿司或三明治。在奇波雷的产品流行的时候，消费者对食物的新鲜度重新燃起兴趣。不管什么食物，消费者都不喜欢冷冻的。这种新的选择趋势在2011年又重新影响到比萨市场。那一年，Pizza Marketplace 网站报道，那些顾客"自己选择顶料"的比萨连锁店，如 MOD 和派奥罗吉（Pieology），竞相成为行业的宠儿。尽管有新公司涌现，但很少出现有争议的或者激进的广告，好像 20 世纪 90 年代比萨业低迷的时候。而此时是比萨业竞争最激烈的时候。

"关于达美乐的恶搞视频可以作为一个证明社交媒体的快速变换有利有弊的典型案例。"

——SFGATE

第十章 一个损害性的恶搞视频

20世纪90年代末期和21世纪初期,市场竞争虽然持续加剧,达美乐始终牢牢保持在美国比萨连锁店的前三位,前三位还包括必胜客和小恺撒。棒约翰也保持稳定的增长,但长期处于第四名。21世纪初,比萨市场保持稳定,但在2007年左右,比萨销量严重下滑,一直延续到了2009年。正当经济好转的时候,达美乐却要去应对一个非常独特的危机。

艰难时刻

2009年,达美乐已经快50岁了,在全世界60个国家有8700家店。达美乐每天需要派送超过100万次,全世界雇用员工超过10万人。

美国经济在之前的两年受到严重冲击，此时刚刚开始从大萧条中恢复过来。正如其他行业一样，达美乐也深受市场环境的影响，生意全盘下跌。《华尔街日报》报道：

> 美国特许经营店达美乐在2007年的同店销售额下降1.7%，在2008年的头几个月下降5.6%。棒约翰预测它的同店销售额将在2008年下降2%。必胜客的同店销售额在2008年的第四季度下降1%，百胜集团称本行业正面临最大的挑战。

餐饮业咨询机构Technomic表示，从2002年到2007年，美国快餐业每年的复合增长率为6.4%，比萨业在同一时期仅有2.5%的增长。2007年，占比萨原料40%的奶酪的成本上升了42%，加上小麦、肉类、番茄，以及纸盒、能源的成本上升，比萨店只能在其他方面削减成本，比如市场营销和推广活动。这其实是一个很危险的动作，因为花旗全球市场公司（Citigroup Global Markets）的报告表明，"85%的比萨连锁店的销量与市场推广和优惠价息息相关"。但是，让达美乐猝不及防的不是成本上升或者利润微薄，而是2009年复活节的一个恶搞事件。

危机时间线

在 2009 年复活节的周日下午 5 点,两个无聊的达美乐比萨店的员工决定拍一个恶搞视频。他们对比萨配料做了一些看起来很恶心、听起来很搞笑的事情。在 5 个视频里,一个穿着制服的员工违反卫生法的规定,把奶酪靠近鼻子,然后再放到一个比萨上,后来又对着一个三明治打喷嚏,还有其他令人恶心的动作。

第二天是周一,4 月 13 日,其中一位员工把恶搞视频上传到 YouTube 上——这两位员工声称这些食物并未派送给顾客。几分钟之内,达美乐马上收到报告说有视频正在损害达美乐的品牌。

有些渠道说,一个名为"消费主义"(The Consumerist)的博客网站转载这个视频,并警告了达美乐。《旧金山纪事报》(*San Francisco Chronicle*)则说,为性少数群体争取权益的网站 GoodAsYouare.org 的创始人,是首先将那些视频上传到网络上并警告达美乐的人。从那些视频出现在网上到达美乐高层听说此事,相隔 30~45 分钟。

达美乐马上联系 YouTube,要求把视频撤下来。《华尔街日报》报道，YouTube方面回应，需要与视频所有者，也就是视频上传者，签署一份声明。

于是，挑战从找到视频里的人是哪个员工开始。达美乐从视频中截取了两人的图片，并请求YouTube和自媒体用户帮助寻找事发的达美乐门店，以及拍视频的员工。没花太长时间，也就大约3小时，拍视频的员工被找到了。《旧金山纪事报》报道：

> 《广告时代》（*AdAge*）杂志报道，乔治城大学的学生艾米·威尔森（Amy Wilson）和男朋友乔纳森·德雷克（Jonathan Drake）看到一个"盒子里的杰克"（Jack in the Box）的标识在其中一个视频镜头中快速显现。他们用谷歌地图去找附近有"盒子里的杰克"店的达美乐比萨店。
>
> 同时，一位住在北肯塔基的计算机顾问帕丽斯·米勒（Paris Miller）使用视频中的信息追踪到两人中的其中一人的朋友到达北卡罗来纳州科诺威尔，那里有一家达美乐店，马路对面就有一家"盒子里的杰克"店。大约在听到新闻3小时之后，麦金太尔收到一封邮件，来自视频的拍摄者及上传者克里斯蒂·哈

蒙兹（Kristy Hammonds）。

"我深深抱歉！"哈蒙兹对麦金太尔说，"视频是虚构的，我希望大家都知道这一点。"

好消息就是，一旦发现视频中的达美乐店是哪一家，达美乐马上向公众确认，在视频拍摄期间，没有顾客在那家店下单。

达美乐最重要的事情是，尽快找到"作案者"，联系顾客看看有没有人收到被污染的食物（事实上没有），同时与警方合作，起诉那两名员工，并通知卫生部门。周二，达美乐正式解雇哈蒙兹——那个拍摄视频的人，以及麦克尔·塞策（Michael Setzer）——视频中的主角。达美乐通过最早发现恶搞视频的"消费主义"博客网站向大众宣布，作案者已经被找到。

但是，这并不是闹剧的结束。直至周二晚上，已经有超过25万人看过这个视频。达美乐的社交网络部门在推特上看到关于这个视频的讨论内容在增加。推特用户很关心达美乐是否知道这个视频的存在。拍摄视频的员工是否被抓住？视频内容是真的吗？达美乐将如何处理这件事？人们想知道正在发生什么事，但达美乐始终保持沉默。

在《旧金山纪事报》的一篇文章中，达美乐解释了为什么不出来发声的原因：

> "有人说我们尽量不理这件事，这样的想法是错误的。但是，你们觉得用一条火绳去扑灭蜡烛可行吗？"麦金太尔说。管理者用自己的私人推特账户以及其他社交手段去回答一些人的提问，讲述这件事的来龙去脉，最终还动用了达美乐的推特账户，这比原定计划早了两周。

达美乐的社交媒体团队在一个月前才刚刚成立，正计划为公司建立一个全新的社交媒体形象。他们也计划在这件事发生后的一周内，把达美乐引进脸书、推特及其他社交媒体网站。现在，他们不得不进入应急反应模式。

到周三中午，在YouTube上恶搞视频的浏览量已经达到100万次。用谷歌搜索"达美乐"的时候，其前面12个结果中有5个就是关于恶搞视频的。推特上关于恶搞视频的讨论更多。

周三下午，达美乐公司总裁帕特里·多伊尔（Patrick Doyle）录制了一个两分钟的视频来讲述此事，并上传至YouTube，同时向顾客道歉。在视频中，他向顾客保证，视频中涉及的门店已经过彻底清洁和消毒,而且,达美乐将重新审视招聘员工的流程。

周三晚上,在收到哈蒙兹的消息后,YouTube 方面终于把恶搞原始视频撤下网站。达美乐继续通过 YouTube、推特以及其他网站和顾客沟通,向人们保证问题已经解决。

危机之后

幸运的是,一周之后,网上关于达美乐的讨论回到正常状态,但这件事对其声誉的影响远不止于此。《华尔街日报》报道:

> HCD 研究所通过 Media Curves Web 网站发起的一项新的全国调查发现,65% 的受访者表示,原来他们愿意光顾达美乐门店或者订购达美乐比萨,但看到那个恶搞视频后,不愿意再订购达美乐比萨了。

恶搞视频(后来被移除)在三周内,至少被浏览了 200 万次。而达美乐做出回应的视频仅被观看 65 万次。《夏洛特观察者报》(*Charlotte Observer*)报道,2009 年 9

月，北卡罗来纳州的达美乐门店全部都被关了。两位达美乐前员工也被起诉，罪名是"破坏食物"。其中一位员工对一项较轻的控诉认罪，而另外一人认为自己无罪。

> **原始视频（后来被移除）在三周内，至少被浏览了200万次。而达美乐做出回应的视频仅被观看65万次。随着时间推移，该视频成为达美乐历史的一部分，这家公司如何通过快速改善自身境况，与顾客保持密切接触来有效处理这次公关危机，被作为一个典型案例广泛传播。**

随着时间推移，该视频成为达美乐历史的一部分，这家公司如何通过快速改善自身境况，与顾客保持密切接触来有效处理这次公关危机，被作为一个典型案例广泛传播。

"布兰登在达美乐最聪明的举措就是,批准对整个连锁店来说全新的菜单核心内容……它帮助重新定义达美乐品牌,做成大量新生意。"

——《底特律自由报》

第十一章 一个新时代

在2009年成功应对复活节恶搞视频风波之后,达美乐再次面临困境,首席执行官大卫·布兰登(David Brandon)在公司马上要推出新比萨时忽然宣布要离职。他离职的时机不太好。但是,当他正式离职的时候,所有关于新比萨的艰苦工作已经完成了。

布兰登于1999年开始在达美乐的职业生涯,2009年离职去担任密歇根大学体育部的负责人,他也是从这所大学毕业的。

大卫·布兰登在达美乐的职业生涯

大卫·布兰登第一次接触达美乐是在1969年,他问大学室友是否去买比萨吃。他的室友微笑着说,他们根本不用出门,然后就拿起电话向达美乐下单。布兰登当时是密歇根大学的橄榄球运动员,而密歇根大学与汤姆·莫纳汉早期的几家店的其中一家在同一条街上。

从密歇根大学毕业之后,因橄榄球队教练波·斯甘伯切拉(Bo Schembechler)的推荐,大卫·布兰登被宝洁公司录用。他在宝洁公司待了五年,然后跳槽到瓦拉西斯传媒公司,后来当上了首席执行官。他在瓦拉西斯传媒公司工作20年后,再次跳槽到达美乐的时候,完全没有比萨行业的从业经验。

1999年,达美乐的销售额为33亿美元,在全球拥有超过6200家门店,派送业务仍然是它的核心业务,90%的订单是顾客通过电话下的。当时,达美乐面临的最大挑战之一就是人力资源。达美乐员工流失率高达158%,比餐饮业的平均水平高60%。每次一个员工离职,达美乐需要花2500美元雇用新员工。更换一个门店经理需要花费2万美元。《华尔街日报》报道:

> 在达美乐上班的第一天,布兰登问公司的员工流失率,别人告诉他是158%。他说:"坦白说,我差

点晕倒。"

做了一些计算后,他意识到当时达美乐每年招聘、雇用和培训 18 万人,包括那些特许经营店的员工。

布兰登知道他的成功将在很大程度上取决于改变当时在达美乐内部存在的"旋转门"文化。《底特律新闻》表示,问题的原因之一也许在于,没有任何形式的正规大学招聘程序、员工培训系统,或奖励机制。

将焦点放在人身上

布兰登亲自参加达美乐员工培训项目,他在第一年走访了几百家比萨店。他希望开诚布公地与运营者沟通,他给他们自己的私人邮箱地址和电话号码。

他还放开了对员工衣着的要求,根据公司财务状况,创建了全新的大学校园招聘程序,并且设立了全面的培训项目,包括课堂学习和在店里实习,培训针对现有员工和新招聘员工。《底特律新闻》报道,为达到预期效果,他在公司总部建立了一个模拟门店来对员工进行培训。

为降低员工流失率,并对员工提供更多的支持,布兰登把人力资源部重新命名为"员工优先部"。但是,他也会将表现不佳的员工解雇。他实施对派送员工进行毒品检验的政策,引进新的财务软件来防止"缩水"和偷窃行为,并且设立禁令,不准再次雇用曾经被解雇的员工。随着员工雇用、培训、留用及补贴方面更符合公司的目标,布兰登把注意力转向扩大产品类型上。

增加新产品

两年之内,布兰登新开了758家店,同时增加了几种达美乐从未有过的非比萨产品。

> **" 两年之内,布兰登新开了758家店,同时增加了几种达美乐从未有过的非比萨产品。"**

布兰登开始增加辅助产品——奶酪面包和肉桂面包扭条(达美乐历史上的第一个甜点产品)。2001年,达美乐的销量比上一年增长6.8%。由于增幅不是很大,2002年,达美乐首次打破旧模式,在菜单中加入鸡肉——达美乐比萨巴法罗鸡块——创造出一个新产品系列。这个新产品系列后来成为一个很重要的收入来源。

2003年,达美乐又在菜单中增加了新选项,包括达美乐圆点点甜品和菲力奶酪牛排比萨。达美乐当时的市场营销部副总裁肯·卡维尔(Ken Calwell)表示,选择奶酪牛排是希望推出另一种在美国深受欢迎的食物。达美乐表示,其圆点点甜品是"将面团混合肉桂和糖来烤,上面有一层香草味的糖衣"。这两个菜单新选项使达美乐从强大的竞争对手那里抢来了一些市场份额。

接下来,2004年,在很少的一些门店里,达美乐开始向顾客供应沙拉。但是,直到2016年,沙拉才成为所有门店的常规选项。2005年,为吸引推崇健康饮食理念和喜欢吃休闲食品的人,达美乐与电视节目《学徒》(*The Apprentice*)一起推出了美国经典奶酪汉堡比萨。

布朗尼方块(Brownie Squares)是达美乐在2006年推出的新产品,配上用黄油、奶油和糖调出来的酱,可以一口吞下。另外一种新产品是布鲁克林风味比萨,将玉米粉涂在比较薄的面饼上,以增加脆度。这种饼比较大,吃的时候可以将其卷起来,就像传统纽约客做的那样。

2007年,另一种甜点被加到菜单中——奥利奥甜点比萨（Oreo Dessert Pizza）。这并不是达美乐菜单中的第一种甜点，却是第一种"合作"产品，也是第一种比萨不被当作主角的产品。第二年，达美乐推出了一系列烤三明治。这些产品的推出让达美乐一夜之间成为最大的三明治派送公司。达美乐也首次推出 444 优惠套餐（444 Deal），这个优惠套餐包含三个 10 英寸、只有一种口味顶料的比萨，每个只需 4 美元。

最重要的是，2008 年，布兰登和达美乐美国运营负责人帕特里克·多伊尔决定对达美乐最初的比萨配方进行改良。2009 年，达美乐宣布，扔掉有 49 年历史的比萨菜单，推出"创新而深受欢迎的比萨"。

改善门店经营状况

布兰登一边建立吸引和激励优秀员工的机制，扩大达美乐的产品线，一边改善公司的整体财务状况。上任一年后，布兰登开始向达美乐的分发渠道下手，也就是它的门店。他分析门店的表现，关闭或卖给特许经营商 146 家表现不佳的门店。有些门店被搬迁到更好的位置。同时，他开发新店。在解雇公司总部 100 多名行政人员后，他增加了产品开发部门的专家职位，以及更多的品牌经理职位——这是一个显示公司注重发展的迹象。

他还提拔了帕特里克·多伊尔。多伊尔原来是管理达美乐美国市场的高级副总裁，布兰登提拔他负责运营达美乐国际公司，包括在2000年于国外开设的2000家店。第二年，多伊尔的部门购买了荷兰的一个有52家店的特许经销商的大量股份，那个公司开始成为欧洲区域性的办公机构。

仅仅过了三年，2002年，达美乐在布兰登的领导下，增加了900家店。这真是一个胜利，要知道在布兰登接手的时候，达美乐被棒约翰抢去了很大的市场份额，而布兰登把局面扭转了过来。

布兰登把重点放在改善达美乐美国公司的门店经营状况上。2003年，根据Company Histories网站记载，达美乐90%的本土门店或者重新选址，或者重新装修。在国际上，如有必要，达美乐退出一直亏钱的市场，把市场营销费用放在表现最佳的市场上——加拿大、墨西哥、英国、澳大利亚、日本、法国和巴西。2004年，达美乐在全球有7300家店，并计划增加到1万家，在美国本土有1000家店。2006年，达美乐庆祝第8000家店开业。

> "2002年,达美乐在布兰登的领导下,增加了900家店。这真是一个胜利,要知道在布兰登接手的时候,达美乐被棒约翰抢去了很大的市场份额。"

布兰登领导期间的改善之处

布兰登在达美乐工作10年,创造了多个里程碑,并为达美乐建立了清晰的前进方向。总的来说,达美乐全世界的门店增加了2600家,公司市场价值超过了20亿美元,并在2004年公开上市。

2007年,达美乐成为首批开创在线下单和移动下单的公司之一。2008年,它推出"达美乐追踪者"(Domino's Tracker)软件,从下单到面团发酵、包装和派送,顾客可以了解全过程。布兰登在2009年宣布离职,在2010年正式生效。《彭博商业周刊》报道,此时达美乐以35亿美元销售额占有比萨市场9%的份额。它是世界上排名第二的比萨连锁店,其中50%的销售额来自国际市场。当布兰登离职时,达美乐在全球开了9000家店。

也许,布兰登在达美乐最大的成绩是,重新审视与达美乐同名的比萨。这款比萨的配方已经很好地服务了达美乐将近 50 年，而顾客渐渐失去了兴趣。实际上，2009年，一家名为"品牌钥匙"（Brand Keys）的顾客忠诚度调查公司做了一个调研，达美乐比萨在价格和便利性方面超越竞争对手，但在味道上排在最后。当把首席执行官的职位让给多伊尔的时候，布兰登已经完成了对比萨配方的创新，这些创新全部来自顾客的反馈。比萨的底饼、酱料、奶酪和顶料全部被重新打造，以满足顾客口味和对高品质的需求。2009 年 12 月 27 日，达美乐的新产品上市了，顾客都很喜欢。布兰登离开达美乐，去了密歇根大学。

> **"** 也许，布兰登在达美乐最大的成绩是，重新审视与达美乐同名的比萨。这款比萨的配方已经很好地服务了达美乐将近 50 年，而顾客渐渐失去了兴趣。实际上，2009 年，一家名为"品牌钥匙"的顾客忠诚度调查公司做了一个调研，达美乐比萨在价格和便利性方面超越竞争对手，但在味道上排在最后。当把首席执行官的职位让给多伊尔的时候，布兰登已经完成了

对比萨配方的创新,这些创新全部来自顾客的反馈。比萨的底饼、酱料、奶酪和顶料全部被重新打造,以满足顾客口味和对高品质的需求。2009年12月27日,达美乐的新产品上市了,顾客都很喜欢。布兰登离开达美乐,去了密歇根大学。"

"帕特里克·多伊尔是历史上最重要的一位餐饮业领袖。"

——《餐馆生意》

第十二章 帕特里克·多伊尔接任首席执行官

在大卫·布兰登公布他将要离开达美乐去密歇根大学之前，帕特里克·多伊尔已经走到了达美乐的聚光灯下。最早在2009年1月，他就参与了比萨配方创新的计划，但直到2009年3月8日才正式宣布担任公司的首席执行官。

《华尔街日报》报道："在公司经历业绩最糟糕的两年后，多伊尔担任了首席执行官，但达美乐销量仍然下滑。"自2007年以来，多伊尔一直担任达美乐美国公司的总裁，而他是在1997年加入达美乐的。QSR杂志报道，他在达美乐的日子里，曾经领导过市场部、国际部，以及公司直营店部。

同他的前任布兰登一样，多伊尔也是密歇根大学的校友,他在大学学习经济学。后来,他从芝加哥大学获得了工商管理硕士学位。多伊尔在第一芝加哥银行(First Chicago Bank)的金融部门开始职业生涯。5 年后,在妻子的鼓励下,他大胆尝试接受了医疗设备制造商英特瓦斯奇乐(InterVascular)的国际业务代表角色,在法国工作。《投资者商业日报》(*Investor's Business*)报道,他后来回到美国,在嘉宝公司(Gerber Products)工作,在 1997 年加入达美乐,担任市场部的高级副总裁一职。

2009 年比萨连锁店的发展

在 21 世纪第一个 10 年即将结束的时候,比萨已经从美国日常食物中很重要的一部分转变为弃儿。*QSR* 杂志报道,比萨在 20 世纪 90 年代赢得很大比例的市场份额。比萨连锁企业,包括 12 家全国最知名的快餐品牌,快速发展的势头在 2010 年结束前渐渐放缓。*QSR* 杂志这么说:

> 21 世纪第一个 10 年,比萨业发展的势头缓慢——开始慢跑,然后变成爬行,再后来,有一段时期,有些观察者声称其进入倒退趋势。在最近的 QSR 50 评

比中，比萨连锁店仅占前25名中的4名、前50名中的7名，没有任何新鲜血液出现。在代表性方面，鸡肉类食品取代比萨，仅次于汉堡，名列第二。

QSR杂志报道，在2000年时，比萨连锁企业占据美国快餐业前50名中的12名，但到2010年仅有7名还在榜上。从那个榜单上消失的有几个知名品牌，包括查克·E.奶酪、圆桌比萨、教父比萨和比萨酒店。

看起来问题不在比萨上，而在于顾客对食物的选择。2010年，餐饮业咨询机构Technomic发布报告：

> 大比例（41%）的顾客对提供"快餐"的场所的定义进行了拓展，其中包括快速－休闲餐馆，比如帕内拉，以及餐馆的外卖服务或者门口自取服务。

顾客饮食习惯的转变影响了整个快餐行业，包括达美乐。达美乐还在从2009年恶搞视频的噩梦中慢慢恢复过来，没找到策略以扭转销量下跌的局面。《国家餐馆新闻》(*Nation's Restaurant News*)报道：

> 那时的8886家连锁店的销量还是很差（本土门店的同店销售额在2006—2008年跌了10%）。尽管

达美乐推出了新产品，如三明治和意大利面，甚至使用了新技术，如允许顾客使用 TiVo 在电视上下单，但并没有在大众中引起反响。

但是，这不只是达美乐的问题，必胜客同样面对着由于比萨消费下滑带来的后果。2009 年年末和 2010 年年初，必胜客也尝试用一些新策略去刺激销售，取得了一些成功。哥伦比亚广播公司报道，在 2010 年第一季度，必胜客推出了一个新的 10 美元均价策略——"任何比萨，任何尺寸，任何顶料，都是 10 美元"。这个优惠活动一经推出，配合大规模的广告宣传，再加上烘烤比萨餐和 8 种不同口味的鸡翅的兴起，销售情况开始好转。在 2010 年第一季度，必胜客获得 5% 的销售额增长，而 2009 年同期销售额下降 12%。《国家餐馆新闻》报道，2009 年，必胜客还推出了一款订比萨的手机软件，在软件发布的头三个月内销售额增加，超过 100 万美元。

达美乐仍然在努力。为实现目标，它展开市场调研，希望更加了解顾客。但是，它听到的未必是自己希望听到的："比萨没有味道，脆皮尝起来像纸板。"

好消息是，顾客的反馈激发了一个伟大的构想，达美乐可以用来有效地重新塑造自己的品牌。达美乐改变过去专注于派送的做法，重新设计了菜单，开发了一种全新口味和外观的比萨。这次大变化正是在布兰登的领导下开始的。当然，多伊尔高度参与并监督了全过程。

这次新产品上市也反映了达美乐为自己的过去负责的态度。作为首席执行官的多伊尔，录制了一个长4分钟的纪录片，记录了新产品上市的过程和几条30秒长的广告。他在广告里亲自向顾客道歉。2009年12月16日，当多伊尔在电波中宣布达美乐新菜单时，达美乐刚刚从六个季度连续的业绩下跌中恢复过来。达美乐将全部精力放在重新打造核心产品上，正如《聪明企业》（*Smart Business*）报道，这个新的比萨菜单计划不能失败，因为没有备选方案。

> **这次新产品上市也反映了达美乐为自己的过去负责的态度。作为首席执行官的多伊尔，录制了一个长4分钟的纪录片，记录了新产品上市的过程和几条30秒长的广告。他在广告里亲自向顾客道歉。2009年12月16日，当多伊尔在电波中宣布达美乐新菜单时，达美乐刚刚从**

六个季度连续的业绩下跌中恢复过来。达美乐将全部精力放在重新打造核心产品上,正如《聪明企业》报道,这个新的比萨菜单计划不能失败,因为没有备选方案。"

多伊尔的主要目标

QSR 杂志报道:在多伊尔刚开始领导达美乐的时候,他为公司列了三个主要的目标:

1. 成为世界第一的比萨公司。
2. 通过向顾客提供"更有戏剧性"的体验来为特许经营者创造最大的投资回报率。
3. 打造领袖团队,使公司发展得更好。

为实现这些目标,他向顾客承诺达美乐要具有透明性,重建信任度。在过去的岁月中,达美乐曾因菜单变化失去了一些顾客。他在电视中出现正是他做出的一个努力,试图向新老顾客表达诚意。

推出全新菜单是使达美乐上升到行业第一名最重要的一步。这一步很坚定,也很意外,让行业震动了好一段时间。达美乐比萨的销量增加了。

大力投资科技，也是多伊尔让达美乐改善运营、增加收入的一个方法。多伊尔接受《福布斯》采访时说：

> "我们决定在公司内部全部应用新技术，而不只是其中的某个部分。我们在内部达成一致——应用新技术将使我们具有真正的竞争优势，我们需要引进新技术。而且，我们需要明白，如何把更多的科技人才引进一个快餐公司。我们能做到吗？"

在布兰登管理达美乐的时候，他已经开始把达美乐推向投资科技这条路，让达美乐成为在比萨业中第一家使用高科技提高效率的公司，以及把关键的下单和派送系统民主化——2009年，他们还不很清楚这意味着什么。《D生意》（*DBusiness*）杂志报道，布兰登和多伊尔一起决定让达美乐用新技术来促进增长。

> 多伊尔回忆说："我们不知道达美乐会变成什么样子，但知道我们必须处于科技中心，了解正在发生的事情，在竞争中保持领先优势。"

在公司内部进行创新和应用新技术也是一个明智

的决定。

"我们决定在所有领域应用新技术,而不只是某个领域。"多伊尔解释,"我们认为,科技一定会为我们带来真正有竞争力的优势地位,而我们需要在公司内部完成这件事。"

创新和对科技的依赖成为多伊尔在达美乐的基石。多伊尔的达美乐时代在 2018 年 6 月结束,他退休了。多伊尔在一个激荡而混乱的年代接手管理达美乐,成功把船只调整到了正确的方向。在当首席执行官的 8 年中,多伊尔帮助达美乐把市场份额增加了 1 倍,将公司股票价格从 2010 年 3 月 8 日的每股 13.74 美元提升到了 2018 年 6 月 30 日的 282 美元。

"我们的比萨不是很好……这是在2009年和2010年，当时银行都快不行了。顾客感觉被欺骗了。如果有人愿意告诉顾客真相，就好像是一缕清新的空气。"

——罗素·韦纳
达美乐首席运营官

第十三章

改变比萨配方

为了解达美乐如何从2007年和2008年的困境里爬出来,有必要去研究它从头开始打造全新比萨配方的决定。毫无疑问,这是一个冒险的决定,但布兰登和多伊尔很有信心,而达美乐需要增加销量。公司的运营流程渐渐完善,已经有经验丰富的人员到位,再次打磨核心产品成为企业发展拼图中的最后一块。

当达美乐经历21世纪初的经济大萧条后,它作为比萨派送界的领导者的地位越来越稳固。根据 *QSR* 杂志报道,它在其他细分领域输给了必胜客和棒约翰。Brand Keys调研公司发现,达美乐的问题在于,它的比萨没有获得过任何奖项。事实上,正如你已经知道的,2009年,在主要比萨连锁店的比萨口味评比中,达美乐与

Chuck E. Cheese 公司并列倒数第一。实际上,如果顾客知道比萨是达美乐制作的,他们真的会表示不喜欢,而如果不知道是哪家公司的话则不会这么讨厌。很明显,达美乐的品牌形象已经受到很大影响,需要重新塑造。当然,达美乐在比萨价格和便利度上是领导者,但在味道方面的不足,为其未来敲响了警钟。

达美乐 2008 年的销售额为 30.37 亿美元,2009 年的销售额下滑到 30.3 亿美元。根据《广告周刊》登载的餐饮业咨询机构 Technomic 的分析,更大的担忧是,达美乐已经连续 7 个季度营收呈现负数。2008 年 11 月,达美乐的股票达到了历史最低点——每股 2.83 美元。

尝试新广告活动

在达美乐还没考虑对菜单大力改良之前,它想通过市场营销来解决销量下滑的问题。达美乐试图提醒顾客,为什么他们喜欢达美乐——质量可靠,快速派送。于是,在 2008 年年初,达美乐推出了一个新广告活动。

多伊尔告诉《聪明企业》这个新广告活动是关于什么的。

"我们推出了一个新广告活动,叫作'你的30',这是一个将我们带回我们的根的活动。"达美乐总裁和首席执行官多伊尔说,"虽然我们不向任何人保证比萨将在30分钟内被送到,但我们提醒他们,在大多数时间里,顾客会在30分钟内得到比萨。这次广告活动强调达美乐如何节省顾客的时间,以及顾客可以在30分钟内做什么。"

这次广告活动没有产生多大影响,因为顾客以前一直听的是这些。

"他们就是不在乎。"多伊尔说,"正在向我们下单的顾客,是因为欣赏我们的便利性,这点我们一直在告诉他们。那些没有向我们下单的人说,便利很好啊,但我们需要更好的食物,而广告没有改变他们的任何想法。于是,2008年3月,大概是我们推出那则广告后的两个月,我们决定研究比萨配方。"

由于无法通过改善派送能力来达到目的,达美乐只好把深入研究产品作为挽救自己的潜在解决方案。达美乐的比萨配方的确是还没改善或改变的唯一所在。

> **由于无法通过改善派送能力来达到目的，达美乐只好把深入研究产品作为挽救自己的潜在解决方案。达美乐的比萨配方的确是还没改善或改变的唯一所在。**

降低成本失败

结果，达美乐在2008年采用新配方的比萨，看起来和尝起来与早期的比萨完全不同。

麦金太尔解释，达美乐被21世纪初的经济衰退激发灵感。2005年和2006年，当顾客下单数量减少的时候，达美乐将更多的注意力放在如何增加盈利上。大家努力想出不同点子来改良比萨、降低成本，不同的门店尝试了各种各样的技巧。一个小组改良了面团配方，以期降低成本；另一个小组改良了番茄酱配方；其他小组尝试不同的奶酪和意大利红肠。虽然每一个单独的改变不会对比萨的味道有多少影响，但是，所有细微改变叠加起来就生产出了"没有人喜欢"的比萨。达美乐的销量因此下滑。

相关负责人浏览社交网站，读到顾客的反馈信息，才慢慢明白，问题原来出在产品上。很多顾客反映，达美乐比萨和以前不一样了。达美乐管理层也深以为然。达美乐比萨的配方已经和原来的大不相同。现在，达美乐应该回到正轨，做出一种可以在全国品尝大赛中胜出的比萨。罗素·韦纳（Russell Weiner），达美乐美洲公司的首席执行官和总裁解释："没人相信比萨是'经过创新和改良的'，除非它吃起来真的更好。"

为调整比萨配方，并且提高销量，达美乐推出了其他新产品，包括三明治、熔岩蛋糕，以及一些新的特种比萨。韦纳说："新产品为我们带来了新顾客，也为我们推出新比萨赢得了时间。"

改变在路上

2008年，达美乐开始秘密研发、改进比萨配方。《安娜堡新闻》报道：

> 罗素·韦纳在一份声明中说，达美乐花了两年

时间测试"很多种奶酪、15种酱汁，以及近50种脆皮调味组合，并且对常常下单的顾客以及很多年没下过单的顾客进行调研，尝试每种可能的比萨配方组合"。

达美乐转向那些常常下单但放弃新配方比萨的老顾客。达美乐调研了所有可能的比萨配方组合。韦纳用一幅图说明了整个过程（见下图），从面团、酱汁、奶酪到脆皮，达美乐创造了无数的比萨配方组合，让用户品尝。

从面团开始对比萨进行创新

1 面团发展	2 酱汁发展	3 奶酪发展
4 脆皮发展	5 实验设计（36种组合）	6 对忠实客户进行调研
7 对孩子进行调研	8 对满意度进行调研	9 最后决定胜出的产品

多伊尔在一次《聪明企业》杂志对他进行的采访中描述了调研过程。

"我们做了所有能做的调研。"多伊尔说，"我们做了质量调研,把人们叫到一个房间里,让他们帮你找到机会所在之处。人们的评论最后被用于电视广告。那个时候,我们也对每一种可能的成分变化,每一种新酱汁、脆皮和奶酪的组合进行测试,直到我们认为找到最好的解决方案。我们把新比萨拿去让我们最忠实的顾客品尝,看看他们是否接受我们的变化。我们把新比萨拿去给还没买过我们比萨的人品尝,我们把新比萨拿去给孩子们,拿去给不同种类的顾客群,不断进行测试。"

最终,达美乐对比萨的主要创新出炉了:

- 将用大蒜调味的含有香芹的脆皮烤至金黄。
- 更甜、更浓郁的番茄酱汁,含有香料和一种红椒。新酱汁比原来多40%的香料。
- 让马苏里拉奶酪带有一点儿波罗夫洛干酪风味,切碎,而不是切丁。

"我们把自己的新产品与竞争对手的新产品一起进行测试,结果我们赢了。"韦纳说。在一个全国范围内的马路展示中(包含盲品测试),达美乐轻而易举地赢了。既然达美乐重新打造了产品,下一个任务就是对所有员工进行培训——包括特许经营者——培训他们用新配方正确做出新产品。

对特许经营者的培训

新比萨计划在 2009 年年底前推出,但首先员工要被培训。《安娜堡新闻》报道,2009 年 12 月的前两周,达美乐花了 20 万小时培训门店的员工。《聪明企业》对此事进行了报道:

> 2009 年 12 月,达美乐不得不重新培训 4900 多家特许经营店的员工。公司领导层不得不确保,在过渡时期,也就是从圣诞节到新年的第一天的那一周,把旧原料用完,而新原料储存位置距门店越近越好,因为在新年那天,达美乐将为推销新比萨推出第一个广告。

这是大规模的后勤准备工作,而且必须在几周内完成。

> "我们培训了 100 个培训师,他们每人要培训 50

家店的员工,通常每家店有2~3人负责做比萨。"多伊尔说,"我们让培训师组织员工,每天培训10~15人。在几个星期内,每个培训师培训大约150人。培训师告诉他们怎么做,并一直在旁边看着,直到相信他们真的会做了才走。"

在圣诞节前一个星期,有些门店只被允许卖旧比萨或者新比萨。

在准备好推出新产品后,达美乐进行了"自我贬低"的广告行动,毫无保留地展现所有对达美乐比萨的负面评价。达美乐花7500万美元进行了为期6周的广告推广活动,其中包含15~30秒的电视广告、60秒的电台广告,以及网络广告。达美乐投放的广告配合新产品上市的时间。它还向顾客承诺不满意可以退款,以此降低风险,给自己留下第二次机会。《华盛顿邮报》把这个广告称为"公开道歉的广告"。

韦纳表示,刚开始是"向我们展示你的比萨"的广告。达美乐叫顾客把收到的比萨拍成照片寄给自己。达美乐收到3万多张照片。"大多数公司只会展示那些好看的比萨,"韦纳说,"但我们采取相反的策略,展示样子不好的比萨，并且承诺以后不会这样。"这个举动为达美乐赢得了顾客的尊重和信任。

对自己做得不好的地方并不隐讳，做到真诚和透明，是达美乐新的广告行动的第二阶段。

在广告行动的最后一个阶段，新比萨推出。韦纳表示，达美乐希望展现出，顾客下单和品尝比萨的流程已经被全面改进了。人们将看到，下单买比萨如何轻松、比萨如何被派送、比萨追踪者如何工作，以及达美乐全新的"忠实顾客计划"是什么。韦纳说："我们把自己打造成提供超值服务的比萨公司。"

重新回到顶峰

好消息是达美乐的"冒险"成功了。韦纳说："产品的成本提高了，但我们并不退缩。"销售数字还没更新，而顾客对达美乐的满意度越来越高。Motley Fool 网站报道达美乐的比萨在"对 1800 名随机顾客进行的盲品测试中名列前茅，比必胜客和棒约翰的产品好很多"。

"韦纳说：'产品的成本提高了，但我们并不退

缩。'销售数字还没更新，而顾客对达美乐的满意度越来越高。Motley Fool 网站报道达美乐的比萨在'对 1800 名随机顾客进行的盲品测试中，名列前茅，比必胜客和棒约翰的产品好很多'。"

彭博社报道，2010 年 2 月，在推出新产品后的两个多月，达美乐的销量大增，以至于它的意式烤肠的存货量只能供三天使用了。除看到巨大的市场需求外，达美乐还从顾客那里得到了满意的回复。《安娜堡新闻》报道，根据达美乐的调研发现，由于新产品推出，表示"一定会再次下单购买"的顾客人数上升了 25%。已经开业超过一年的达美乐门店，销量在第一季度提升了 14.3%，在第二季度提升了 8.8%，在第三季度提升了 11.7%。这真是一个巨大的胜利。

韦纳在报告中说，2012 年，达美乐获得比萨品味评比第一名。2009—2012 年，达美乐在美国的同店销售额增长为 17%，是增长最快的快餐企业。

比萨市场马上察觉到这一变化。在《时代》杂志的一篇文章中，巴克雷资本公司的分析师杰弗里·伯恩斯坦

(Jeffrey Bernstein)赞赏达美乐创造了比萨派送的"标杆年",在"成熟的美国市场",一个"成熟的企业"销售额每年增长 1% ~ 3% 是正常的。专业杂志《今日比萨》第二次把达美乐称作比萨连锁店之星。

不仅如此,达美乐对顾客的道歉获得了市场的尊重。麦金太尔说:"达美乐成为严格审视自己,并且发现改进机会的代名词。"达美乐再一次进入增长模式。

"他们提供人们每日消费的、品质好的产品，顾客在下单时有非常好的体验。下单很容易，就是点击一两个按钮，然后比萨就被送上门了。这样的体验令人注目。"

——亚历山大·斯拉格
杰弗瑞投资公司分析师

第十四章 卖比萨的科技企业

从比萨业低迷的21世纪初期幸存下来,在采用新技术后,达美乐借助新比萨快速发展了几年。事实上,2019年8月,达美乐向投资人报告,达美乐数字化销售——在线或者通过移动App销售——十年间在美国的销售额占比从0增加到65%。它强调,对新技术的使用在美国境外也得到了回报。超过75%的达美乐国际市场销售额来自在线下单。对科技创新的重视使达美乐在2018年从数字渠道获得超过一半的全球零售额。

达美乐从2001年开始就着手打造强大的科技基础。

公司管理采用新技术

2001—2003年,达美乐推出一款自行研发的销售终端信息系统,叫作脉搏(Pulse),要求特许经营者必须安装。这个决定至关重要,《餐馆生意》解释,因为这个系统可以有效监督所有的特许经营者。

> 特许经营者长年以来一直使用单一运营系统,但出于节省开支的原因,达美乐允许其自行选购运营系统。达美乐迈出了有争议的一步,强迫所有特许经营者使用自己研发的单一运营系统。特许经营者控告达美乐,但达美乐赢了。
>
> 今天,很难找到人去反对那个系统。单一销售终端信息系统让达美乐轻松加入应用新技术的企业阵营,获得了更多的关于运营者的信息。

蒂姆·麦金太尔表示,一直以来,特许经营者使用5~6种不同的系统,没有一个统一的平台。首席执行官里奇·阿里森(Ritch Allison)解释,问题出在,普通的大众化系统不适合达美乐。不是说达美乐需要在一个现有的系统或者自行研发的系统两者间进行选择,而是没有人可以做到达美乐想做的事情。所以,它自己创建了一个系统。

达美乐自己开发销售终端信息系统,这让其对系统有控制权，也可以控制增加系统功能或者修改漏洞的时间。这家以高效派送出名的公司，努力在全部运营过程中保持高效。《国家餐馆新闻》认为，将系统"在公司内部开发让速度加快"。

达美乐的销售终端信息系统让其可以慢慢收集顾客的详细信息，帮助特许经营者更好地服务顾客。为此，达美乐"投资于由数据驱动的个人化，建立顾客的'比萨档案'，让顾客的喜好和付款方法等资料都留在移动App中"。个性化功能源自达美乐的一个发现，之前顾客需要25个步骤才能在网上下单，导致出现很多被"遗弃"的"购物车"。达美乐持续在提高效率和简化下单程序上努力。也许更重要的是，达美乐可以控制谁可以获取详细的顾客数据，而顾客数据使其获得重要的竞争优势。

达美乐在使用内部资源、开发和管理销售终端信息系统上的成功，让人们相信让企业内部员工去做科技项目是一个明智的选择。2009年，在决定重建网站和数据中心的时候，达美乐相信自己那些技术娴熟的内部员工可以把事情干好。

将焦点放在数据化上

达美乐内部在数字化创新这件事上很早就达成了一致，早在2007年就推出了在线下单服务，它也是最早推出在线下单的餐饮企业之一。它是餐饮企业在线下单的先锋，也希望始终保持领先地位。

在达美乐推出在线下单服务的同时，它也在努力开发一款在食物派送行业首发的软件——比萨下单跟踪系统。麦金太尔解释，这项发明是为解决"派送情感过山车"的情况。当某人想订个比萨时，处于情感高峰。等待比萨到来时，进入情感低谷，担心比萨没有送对地方，直到听到门铃响，那一刻又迎来了情感高峰。在情感低谷，当有一个"信息缺口"的时候，如顾客不知道他们订购的比萨什么时候到，就会产生消极的想法。达美乐决定打造一个可以填补"信息缺口"、保证顾客随时看到新的信息的东西，让情感过山车变得平缓。

> **❝** 在达美乐推出在线下单服务的同时，它也在努力开发一款在食物派送行业首发的软件——比

萨下单跟踪系统。麦金太尔解释，这项发明是为解决'派送情感过山车'的情况。当某人想订个比萨时，处于情感高峰。等待比萨到来时，进入情感低谷，担心比萨没有送对地方，直到听到门铃响，那一刻又迎来了情感高峰。在情感低谷，当有一个'信息缺口'的时候，如顾客不知道他们订购的比萨什么时候到，就会产生消极的想法。达美乐决定打造一个可以填补'信息缺口'、保证顾客随时看到新的信息的东西，让情感过山车变得平缓。"

一年之后，2008年，达美乐推出"达美乐追踪者"。*QSR* 报道："达美乐追踪者"使顾客可以追踪在线下单后的进程，从他们按下下单按钮开始（或者挂了下单电话后），直到比萨送达。到2008年三月中旬，超过100万位顾客已经用过"达美乐追踪者"的服务。

同一年，达美乐还推出了在线工具"比萨打造者"（Pizza Builder）。《广告周刊》报道，这个由克里斯宾·波特＋宝嘉斯基公司（Crispin Porter + Bogusky）开发的在线

App可以让用户在线组合自己喜欢的比萨，给它们起名字，然后让达美乐做出来，并派送到家。创意专家意识到这款工具的强大，并为达美乐引进这个工具喝彩。《广告周刊》报道，对互动创意总监杰夫·本杰明（Jeff Benjamin）来说，该公司在这一年早些时候推出的这款在线工具，是数字化设计将如何发展的一个信号。他表示，和设计一个任何人都可以浏览的网站相比，广告设计师更希望从小的方面——或者只是用一个简单的工具定制产品——改善人们的生活，来建立品牌忠诚度。

"比萨打造者"引领了市场几年，直到2014年，达美乐公布了一个用于苹果平板电脑的App，这是一个全新的定制版本。达美乐表示，这是一款"自从'达美乐追踪者'上市以来最酷的科技产品"。

当所有资源都聚焦在打造新的数字App以及面对顾客的科技产品时，达美乐很显然已经在应用新技术方面全力以赴了。2011年，达美乐入围"舒尔提奖"（Shorty Awards），其计划，在2015年前，超过50%的销售额通过在线销售（当时是20%）实现。这个转变非常重要，因为达美乐发现，在线买家的平均单次消费额比打电话或者亲自到店下单的人多2美元。

在一篇发表于《福布斯》的文章中，那时的达美乐首席执行官多伊尔说："从根本来说，我们在把所有订单数字化的道路上前进。"这就意味着：

> 通过人工智能助手 DOM 的自动电话订单应该增长，数字化下单量超过 65%。更多的数字化订单通常意味着更高的销量和运营效率。根据证券公司 BTIG 分析家的调研，顾客通过传统电话/柜台下单成本至少 1 美元，占用一个员工的时间，而每个电子订单只花费 25 美分。

截至 2012 年，让顾客在网上下单并不只是一个节省开支的方法，而是生意扩大的一个必然结果。推广在线下单，在互联网上做广告可以提升销量。NPD 公司发布调研报告称，网上的市场营销活动可以影响 38% 的智能手机用户去浏览一个餐馆的网站。市场还在继续推动在线下单。现在，顾客可以通过苹果电视、谷歌家庭（Google Home）、亚马逊回响（Amazon Echo）、福特同步（Ford Sync）、SMS、三星智能电视，还有智能手表、App 中的语音助手，以及其他新兴平台，如推特、斯莱克（Slack）和脸书等即时通信工具来下单购物。

全新思维

《福布斯》对达美乐电子商务发展与新兴科技部的高级副总裁凯利·卡西亚（Kelly Garcia）进行了采访，文中提到，大约在 2012 年，达美乐开始思考把自己当作电子商务公司而不是一家快餐企业。卡西亚表示，为顾客提供世界一流的电子商务服务需要达美乐全体员工全力支持，从董事会、首席执行官到特许经营者。2012 年，卡西亚和达美乐首席数据官丹尼斯·马龙尼（Dennis Maloney）向董事会表达了达美乐当时正面临的威胁。不仅如此，他们还"讲述了一个观点，为了生存，他们必须把达美乐定位为'卖比萨'的电子商务公司"。

首席执行官支持他们，幸运的是，他们也得到了董事会的支持。然而，除得到对应用新技术的大笔投资外，达美乐内部也感受到了巨大的冲击。过去达美乐做决定通常是基于商业本能或者谁的声音更大，而现在它由数据驱动来做决定。这件事影响了公司几乎所有的运营层面。从定价到发布广告信息、在哪里开店，或者什么时候开店，达美乐对收集的数据进行分析，以做出更好的、更符合实际的决定。

当有人想出一个新主意的时候,大家讨论,开展小测试,如果结果表明它有潜力,公司将做市场测试。"我们做很多 A 测试或 B 测试,"麦金太尔说,"我们不害怕失败,测试很多。如果不测试,你就不能创新。"

科技领先

从 2012 年开始,达美乐为成为一个强大的电子商务公司而努力,它对这件事非常认真。2013 年,达美乐在简化顾客下单流程上做得很好。"比萨档案"是一个被强化的在线下单特色功能,顾客可以非常方便地保存下单信息或者从过去的记录中提取信息,而不是重新输入一次。"比萨档案"让顾客在下单时的网络点击数量从 25 次降到 5 次成为可能,顾客可以在几秒内完成下单。

第二年,顾客向达美乐下单变得更简单。DigiDay 网站报道,一个用声音启动的个人助手——达(Dom),让用户说几个词就可以下单购买比萨了。2015 年 4 月,达美乐表示,超过 50 万个订单是通过"达"来下的。

2014—2015 年,达美乐推出"任意波"(AnyWare),

这是一整套科技下单产品，为顾客提供 15 种不同的数字化下单方法。最重要的是，达美乐承诺，顾客可以在任何地点，在任何时候，用任何工具下单。达美乐在一次获奖时这么解释：

> 为让更多的人在网上下单，我们把下单这件事放到人们每天用的工具和平台上。这套全新的科技下单产品叫作"任意波"，它包括用推特、手机短信、福特同步、智能电视，以及智能手表来下单。对于每个新的下单方式，我们都会单独推出新闻稿，把人们带到 DominosAnyWare.com 网站，方便人们了解新的下单方法。然后，在 2015 年第三季度，我们推出一个全国电视广告，里面有不少社会名流，他们是不同下单平台的专家，辩称自己的下单方式才是最好的。

除推进个性化的努力外，达美乐还在 2015 年推出"简单下单"按钮。达美乐记录顾客最喜欢的食物、付款方式、派送类别（派送到户还是上门自取），以及地址和喜欢的门店，为顾客提供快速下单服务。

那一年，达美乐还展示了"终极比萨派送车"——DXP，"奶酪爱好者的蝙蝠车"。麦金太尔说："我们打造派送比萨的车,因为那可以展示我们的热情和执着。"DXP 是一辆定制的、只可以容下一人的车,在司机座位后面,有一个暖炉和架子,用于食物和饮料派送。DXP 基于雪佛兰斯派克车型,可以最多运送 80 个比萨。直至 2019 年,达美乐已经有 150 辆 DXP。

> **那一年,达美乐还展示了"终极比萨派送车"——DXP,'奶酪爱好者的蝙蝠车'。麦金太尔说:'我们打造派送比萨的车,因为那可以展示我们的热情和执着。'DXP 是一辆定制的、只可以容下一人的车,在司机座位后面,有一个暖炉和架子,用于食物和饮料派送。 DXP 基于雪佛兰斯派克车型,可以最多运送 80 个比萨。直至 2019 年,达美乐已经有 150 辆 DXP。**

2015 年,达美乐推出新奖励计划,叫作"一块比萨"。这个计划奖励在线下单的顾客,顾客每次下单超过 10 美元就奖励 10 个点。下 6 次单之后,顾客就获得一个免费的有两种顶料的中型比萨。这可以激励顾客在线下单,而不是打电话或亲自上门。

接下来,达美乐推出"零点击下单"计划,努力让比萨派送变得更简单，也更人性化。顾客通过"零点击下单"，建立一个账户，列出"简单下单"内容——他们喜欢的比萨。然后，当他们打开"简单下单"App 时，10 秒之内就可以完成下单，比萨已经在路上了。

随着科技渗透到日常运营的每个环节，达美乐开始用非传统的方法来拓展生意。2018 年，达美乐推出"热点服务"，顾客可以要求把订单送到聚会地点，如公园和运动场所，那些地方通常派送公司不会去。当顾客在网上下单时，可以选择一个"热点"地址来派送，就像派送到家或公司一样。

2017 年，《格兰底特律商业》（*Grain's Detroit Business*）报道，达美乐正在研究无人驾驶派送、用汽车触摸屏下单，以及自动化的以需求为基础的 App。里奇·阿里森通过与门店经理聊天，发现他们的痛点，发现其他机会来让运营自动化。比如，需要在每天凌晨 2 点来盘点库存的门店经理，其实很希望回家睡觉，现在他们可以通过一个利用声音启动的库存 App 来帮助他们在 2 分钟内完成工作，而不是 2 小时。

达美乐自动服务台已经在全美 400 家门店中设立，顾客可以通过这一系统登记并付款，节省了大量等待时间，也降低了对劳工的依赖。2019年，达美乐启动了"创新车库"（Innovation Garage），包括一个建在公司总部的按照实际大小打造的门店。麦金太尔表示，这是为了研究门店内部的工作效率。

收回科技投资

21世纪初期，市场对达美乐运用新技术有怀疑的声音，事后大多数分析员认为达美乐赌赢了。这在当时确定是一个聪明的策略，大多数竞争者都关注其他领域，如运营、派送、扩张门店、营销手法，以及增加菜单内容。达美乐则专注于创新和改良。

直至2012年，就在达美乐的新比萨上报纸头条没几年，根据一份面向投资者的报告，达美乐一年内在利用数字技术销售方面超过了10亿美元。达美乐35%的美国订单是在网上完成的。2013年，在安娜堡总部，达美乐最大的部门是技术部，在550个员工职位中占170个，相当于31%。2018年，DigiDay网站报道，这个部门的员工占公司员工总数的50%。两年后，达美乐的销量超过50%来源于数字平台。CNBC报道，在所有在线下单的比萨中，31%来自达美乐。正如《国家餐馆新闻》的乔纳森·梅兹（Jonathan Maze）所说，在科技上投资让达美乐成为餐饮行业运用科技最好的连锁企业，它更新了科技概念，展示了科技能带来的生意潜力。

"格鲁哈波和优步食客将给我们带来挑战……我们需要不断地督促自己进步,以保持优势。"

——亚特·迪亚利亚
达美乐首席品牌和创意官

第十五章 创意广告

达美乐在2010年和2011年取得的成功是基于全新的品牌定位而得到的，建立在推出全新比萨的基础上。对于一个非常成功的比萨帝国来说，这是一个极其冒险的举动。你可以想象一下顾客的反应，假如星巴克忽然之间公告天下，自己觉得很羞愧，因为自己的咖啡很烂（其实不是），或者如果本杰瑞（Ben & Jerry's）站出来说它的冰激凌比应该有的味道差很多（很难想象吧）。一个公司贬低自己的形象一定是一种新的市场营销手段。

达美乐首席市场营销官罗素·韦纳并不担心，因为他知道，为扭转连续三年同店销售额的不断下降，达美乐不得不这样做。达美乐做了市场调研——很多的调研——并且知道如何去推进此事。

当顾客怀疑和担忧的时候,达美乐有机会站出来,展现出透明度和自身的脆弱。韦纳告诉《福布斯》杂志:

> 当我们在做品牌定位的时候,所有银行陷入财务危机之中,所有人在借钱。政客提出"借钱"的政策,但是由中产阶级买单。顾客在寻找对他们不撒谎的人、不剥削他们的人、真实和透明的人。这是一个社会问题,显而易见,不是专由比萨引起的。我们感到,如果把它当作品牌策略的一部分,它就会帮助我们起飞,因为这不仅与比萨有关,还与每个人有关。

从核心来说,这是一次企业转型,其过程由达美乐审视自己的品牌内涵开始。

将透明作为品牌策略

根据皮尤研究中心(Pew)的调研,从 2005 年开始,美国人开始了快速使用社交媒体的时代。从 2005 年到 2010 年,美国成年人使用社交媒体的比例从 7% 上升至 46%;到 2015 年,这个数字变成 65%。新闻和信息来源的转变,引发人们对网上传播的内容的正确性和可靠性的质疑。什么是真实的？谁可以相信？你怎么去分辨？没有人对此完全有信心。人们真的很难知道，是什么引发了更大的怀疑和不信任，不只是媒体对此有疑问，还包括每一个人。

当新比萨推出的时候，韦纳在一次于密歇根大学举办的"创业者时间"的分享会中表示，人们相信"没有人会告诉你真相"，比如密歇根的汽车行业高层坐私人飞机去首都华盛顿请求财务支援、银行濒临破产、很多家庭失去房子。2010年埃德曼信托发展报告（Edelman Trust Barometer）表示，受过大学教育的25岁或以上的成年人，其收入占全国同龄人的四分之一，他们对企业及产品广告的信任度很低，只有17%。更重要的是，该报告显示，信任和透明对于公司的声誉来说，和产品质量、服务一样重要。达美乐正沿着正确的方向前进，把宣传重点转到透明度上，并且大力投资于改良核心产品。

韦纳认为，美国人"希望人们告诉他们真相"，而达美乐有一个令人痛苦的事实要承认——它的比萨"并不好吃"。当两种紧张的情绪碰撞在一起时，会释放被压抑的品牌；当达美乐做对的时候，就强化了它要传达的信息。

> "韦纳认为，美国人'希望人们告诉他们真相'，而达美乐有一个令人痛苦的事实要承认——它的比萨'并不好吃'。当两种紧张的情绪碰撞在一起时，会释放被压抑的品牌；当达美乐做对的时候，就强化了它要传达的信息。"

制造史诗般的转变

达美乐用于宣传新比萨的 7500 万美元的广告费用其实比上一年的广告策划预算还少，比必胜客的少，也比棒约翰的少。韦纳说："我们并没有花更多的钱，我认为这表明信息强大。"

达美乐配合新比萨配方推出的广告语是："哦，是的，我们做的。"这句广告语成为它为回应市场惊奇的反应而提出的口号。

韦纳建议将公司的广告策划作为一个有四幕戏的剧本。

第一幕：2010 年 1 月

达美乐在第一轮广告中表示："我们倾听最严厉的批

评，它激励我们从脆皮开始重新创造比萨！"达美乐承认自己的比萨不好吃是一件很困难但非常有必要的事。这只是在该活动推出的前 6 个星期。

不是所有的广告大神都赞同达美乐的做法。《广告时代》向达美乐给出了 1.5 星的反馈和评价。"受点屈辱是一件事，但过量服用药物是另一回事。"不过，它赞扬达美乐勇于坦诚地说出一切，把这次扭转乾坤的策划称为"史上有争议的风险最大的市场营销策划之一"。这个广告策划风险很大，因为顾客可能不会完全理解所有的信息。《华盛顿邮报》报道：

> "有些人只会听到部分广告信息"——达美乐不同意——"而听不到关于他们将如何变得更好的信息"，俄亥俄大学传媒学教授比尔·贝努瓦（Bill Benoit）表示。道歉广告将加强负面推测，让那些从来没有试过甚至听过的顾客留意到这个产品。

《新共和》（*New Republic*）发出另外一个表示怀疑的声音，给这个广告创意理论分 A，实操分 F，并说："你会想，天哪！连达美乐的人都认为自己很差。"

但是，一些广告行业的观察家向达美乐致敬，因为它展示出巨大的决心，让顾客知道它听到了他们的心声，并正在积极采取行动。

广告让你看到"比萨转折"那一页，你将看到一个长 4.5 分钟的讲述幕后故事的纪录片。它已经有超过 50 万次的点击率。嗨，如果人们在谈论你，说明他们在想着你。这个广告策划还得到媒体的关注，在一些节目中被提到，如《疯狂的金钱》《科伯特报告》《奥普拉电台》以及《早间节目》。

下一个阶段是展示比萨其实很好吃。

第二幕：2010 年 2—3 月

众所周知，如果你可以得到，顾客的推荐就是非常有力的市场工具。于是，达美乐再次出击，找到先前的测试参与者，那些人曾经表示他们非常不喜欢达美乐比萨。摄像机一路跟拍，门店经理挨家挨户去敲那些人的家门，让他们品尝经过全新改进的比萨。这些人的反应是最有效的市场宣传。韦纳谈到那些视频时说："我们面对最严苛的批评者，他们喜欢我们的新比萨！"

为支持下一个阶段的双击广告计划,达美乐在自己的网站主页留了一个专门区域,实时展示推特信息,全是关于人们如何评价达美乐比萨的。光这个举动本身就带来几百万次的点击量。

第三幕:2010 年 7—8 月

几个月后,达美乐继续推出广告:"我们的比萨实在太好了,我们根本不需要花哨的摄影技巧或者美化方法让它看起来更诱人。"然后,达美乐让顾客拍自己收到的比萨,把照片发给它。截至 2015 年,达美乐在广告中只使用顾客拍的照片。《安娜堡新闻》报道,达美乐通过其网站收到超过 3 万张照片。

> **"达美乐让顾客拍自己收到的比萨,把照片发给它。截至 2015 年,达美乐在广告中只使用顾客拍的照片。《安娜堡新闻》报道,达美乐通过其网站收到超过 3 万张照片。"**

第四幕:2010 年 9 月

此时,达美乐还是不说自己已经赢了,它仍旧保持谦虚，承诺继续倾听顾客意见并做出改进。到 2010 年年末，达美乐每天派送 100 万个比萨。达美乐知道，持续的业绩增长需要不断发现自己的弱点并去正视它。

新达美乐

在重新获得在 21 世纪前 10 年丢失的市场份额后，达美乐继续让顾客保持关注。达美乐把"比萨"两字从公司名称中拿掉，同时改良了标识，这是 15 年来第一次。达美乐继续改革，每一步都会庆祝。

2012 年，达美乐推出"思想烤炉"（Think Oven），那是一个脸书平台，顾客和粉丝可以在那里向达美乐提出改善企业的建议。达美乐不断强化它想传达的信息，它一直愿意倾听顾客的心声。"思想烤炉"是一个很好的途径，用来吸收那些了解达美乐及其产品的人们的创意。《快速成长公司》杂志发表的一篇文章解释了"思想烤炉"的创意：

> 个人可以将其建议提交到两种分类下："创意盒子"（针对普遍的建议，如新单品、如何更环保）和

"当下项目"（针对达美乐需要帮助的项目，如这个月的话题"新达美乐制服"）。在"当下项目"里，最好的点子在截止日期之后被挑选出来，被挑中者将获得500美元奖励。

达美乐非常努力地追踪最新的创意和技术，同时密切关注流行元素和新闻。当表情包被越来越多的人使用时，达美乐便推出用表情包下单的服务。达美乐开发了一款App，使顾客与"轻松下单"有效结合。顾客可以通过发送一个意式香肠比萨表情包，让自己订的比萨来到家门口。

达美乐接下来几年的创新清单：

- 自动驾驶派送机器人
- 婚礼登记
- "为比萨修路计划"，用来资助地方政府修复坑洼路面
- 为顾客购买竞争对手的比萨提供奖励积分
- 达美乐的手机社交应用软件广告，把潜在的约会对象显示为"火辣比萨"
- 在新西兰运用无人机派送比萨

2017年，达美乐在它的第一次大逆转中花的钱比竞争对手还少。根据统计机构Statista的统计，在美国，达美乐在广告花费上排名第三。达美乐充满创意的广告必定为它赢得关注，首先是尊重，然后是高销量。

"达美乐声称自己已经超过必胜客,成为世界上最大的比萨连锁企业。"

——CNBC

第十六章 达美乐夺得第一名

从经济大萧条中恢复过来,达美乐积极高效地帮助比萨业恢复活力,并立志成为行业领导者。2016年,它几乎抵达顶峰,在必胜客之后排名第二。根据2017年《今日比萨》做的顶级比萨公司清单,它们的销售额相差40亿美元。

40亿美元是一个很大的差距,达美乐为此下了巨大的决心。此后,达美乐减少赤字,而必胜客的销量持续下跌。2017年,达美乐的全球销售额为122.521亿美元,必胜客的销售额为120.34亿美元,达美乐第一次在排名上超过了必胜客。

> **"** 40亿美元是一个很大的差距,达美乐为此下了巨大的决心。此后,达美乐减少赤字,而必胜客的

> 销量持续下跌。2017 年，达美乐的全球销售额为 122.521 亿美元，必胜客的销售额为 120.34 亿美元，达美乐第一次在排名上超过了必胜客。"

当达美乐在 2018 年 2 月 20 日宣布 2017 年第四季度的营收时，它把自己称为"基于全球零售额，世界最大的比萨企业"。达美乐是如何在这么短的时间内飞速进步的呢？其实，达美乐的力量是逐渐积聚的，经过好几个季度，在 2017 年的最后几个星期，登上了顶级比萨连锁企业的巅峰。

一个按照季度做的分析

在 2017 年第一季度，达美乐在全球有很强劲的销售额增长。在美国本土，达美乐的销售额增长达 10.2%。同时，百胜集团旗下的必胜客，销售额下降 7%。

从那时开始，整个第二季度，必胜客的销售额下跌。*QSR* 杂志报道，2017 年 5 月，当必胜客美国公司销售额下滑 7% 时，百胜集团公布了一个 1.3 亿美元的计划来重新打造品牌。这个计划包括把资金投放到运营中最重要的地方：

> 投资将被用于更新餐馆设备、改善运营状况、加速提升餐馆的技术水平、增强运营数字化和电子商务能力，以及加大广告预算。

《国家餐馆新闻》报道，为配合1.3亿美元的广告投入，必胜客的特许经营者同意"在2019年遵守全国价格标准，增加在广告投入中的贡献"。

CNBC报道，同样在5月，必胜客和达美乐之间的市场份额的差距不足1%，达美乐占有13.6%的市场份额，而必胜客为14.3%。必胜客对年轻人缺乏吸引力——而这些人的比萨消费最多——同时在数字技术创新方面也很落后。它正步履蹒跚地企图追上与它竞争最激烈的对手。达美乐和棒约翰超过60%的订单来自网上，必胜客的在线下单量不足50%。另外，达美乐和棒约翰建立了强大的忠实顾客系统来鼓励顾客持续在网上下单。必胜客直到2017年才推出自己的忠实顾客系统。

在第二季度，达美乐持续保持了超强的销售额，同店增长9.5%，而必胜客的销售额增长只有2%。第三季度的情况也没什么不同，达美乐同店销售额增长为8.4%，而必胜客只有1%。在美国，必胜客同期的销售额下降了4%。

第四季度也没有什么变化，达美乐实现了同店销售额增长4.2%，2017年整个财政年度增长为7.7%（还不包括新年夜销售，因为它把年终的日子定在12月31日，而不是1月1日）。必胜客美国公司的同店销售额在最后一个季度增长2%，整个系统增长4.2%。尽管第四季度销售额有所增长，但必胜客还是无法摆脱困境。事实上，必胜客一直在挣扎。

因为新的年度记录，达美乐终于成为世界最大的比萨连锁店（见下图）。

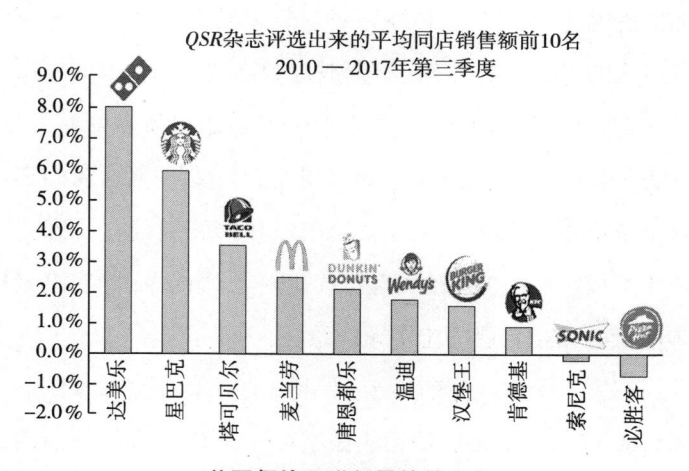

QSR杂志评选出来的平均同店销售额前10名
2010—2017年第三季度

美国餐饮业增长最快的企业

销售之外

达美乐的销售量将它推向了比萨连锁企业的顶峰,它在运营方面也做了很多正确的事情,而其他比萨企业还在持续挣扎。投资研究机构 Trefis 公布数据,比较了达美乐、必胜客和棒约翰。达美乐的销售额从 2014 年的 100 亿美元,增长到 2018 年的 158 亿美元,必胜客的销售额基本持平——从 2014 年的 121 亿美元到 2018 年的 122 亿美元,而棒约翰一直保持在 34 亿美元。从 2017 年到 2018 年,在销售额增长方面,达美乐稍微有点降低,从 2017 年的 14.5% 到 2018 年的 9.9%,必胜客有 1.5% 的上升,而棒约翰则有 9.4% 的下降。

2018 年,让达美乐真正闪闪发光的是它的营运利润率,从 2017 年的 31.3% 上升到 2018 年的 37.9%。必胜客在同一时期的营运利润率从 38.2% 下降到 35.2%,而棒约翰同一时期的营运利润率也从 8.5% 下降到 1.9%。看起来,创新和投资于科技研发可以产生持续的有竞争力的优势。现在,达美乐登上了成功的巅峰,想击败它更难了。

"对达美乐来说,打破规则以获得成功并不是一件难事,虽然有人认为它提供的不过是一种像苹果派一样的伪意大利食物。比萨是一种在世界各地都可以发生变化并让人感到惊喜的食物。"

——《福布斯》

第十七章 国际机遇

虽然达美乐的根在美国小镇,是在美国本地生长的比萨连锁店,但它的目标是全世界。这一点,从它不断增加国际门店就可以看出来。由于其他国家对比萨的需求大过美国本土,着眼于国际对大多数比萨连锁店来说很正常。

根据"PMQ 2019 年比萨行业报告",比萨店在世界各地做得风生水起,市场总量大约为 1450 亿美元,市场预测五年增长率为 10.7%。这表明,对有财务资源的公司来说,有巨大的潜力去追求更大的市场份额。

平均来说,从 1997 年到 2018 年,达美乐每年的国际同店销售额增长 5.7%。对美国来说,它的同店销售额平均增长 3.8%(见下图)。

美国同店销售额

31个连续增长的季度 | 平均 3.8%

自从2010年以来平均增长7.4%

年份	增长率
1997	6.8%
1998	4.5%
1999	2.8%
2000	0.0%
2001	4.0%
2002	2.6%
2003	1.3%
2004	1.8%
2005	4.9%
2006	-4.1%
2007	-1.7%
2008	-4.9%
2009	0.5%
2010	9.9%
2011	3.5%
2012	3.1%
2013	5.4%
2014	7.5%
2015	12.0%
2016	10.5%
2017	7.7%
2018	6.6%

国际同店销售额

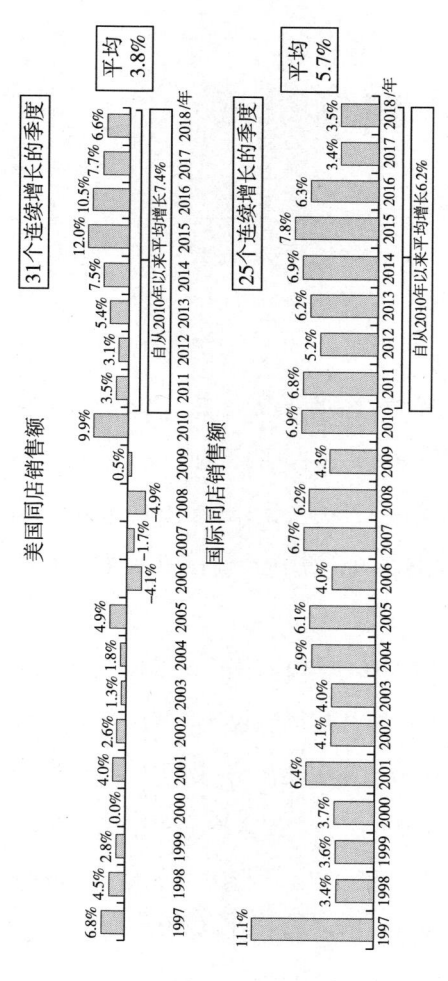

25个连续增长的季度 | 平均 5.7%

自从2010年以来平均增长6.2%

年份	增长率
1997	11.1%
1998	3.4%
1999	3.6%
2000	3.7%
2001	6.4%
2002	4.1%
2003	4.0%
2004	5.9%
2005	6.1%
2006	4.0%
2007	6.7%
2008	6.2%
2009	4.3%
2010	6.9%
2011	6.8%
2012	5.2%
2013	6.2%
2014	6.9%
2015	7.8%
2016	6.3%
2017	3.4%
2018	3.5%

同店销售记录

达美乐向国际扩张开始于 1983 年，它的第一家在本土以外的店位于加拿大曼尼托巴省温尼伯市。从那之后，它在 90 多个国家开了超过 1 万家店，还不包括美国。

去有增长潜力的地方

在国际市场上，现在对比萨需求高的国家有中国、意大利、俄罗斯和巴西。很多比萨连锁店已经把注意力转向中国，因为中国有巨大的发展潜力。《中国 PMQ》（*PMQ China*）杂志曾预测，必胜客在 2019 年将在中国开设 1000 家新店——这比达美乐和棒约翰每家计划开 50 家来说多了很多——在原有的 2200 家店的基础上增加。

意大利的比萨市场竞争激烈，几乎 50% 的新开张比萨店在 5 年内就要关门。RistoNews 网站表示，这是自 2013 年以来的一个趋势。那些在艰难困境中幸存下来的公司要进行创新，开发新面团和脆皮类型，以及加入更健康的顶料才行。在俄罗斯，比萨很受欢迎，半成品更受欢迎，顾客喜欢那些可以轻松拿走并有更长保存时间的食品。叶连娜·施诺科娃（Elena Shirokova）认为，半成品已经取代新鲜比萨，甚至冰冻面团也是受欢迎的一种比萨形式（引自 PMQ 2019 年比萨行业报告）。当然，通常来说，比萨主要被认为是一种快餐。

在瑞典，有一种固有观念正在发生变化，比萨开始走向高端，出现在高级餐馆菜单上，在度假村和酒吧里也有销售。因为这个原因，比萨设备供应商斯巴达能（Sveba–Dahlen）的米卡埃尔·隆格伦（Mikael Lundgren）表示，比萨业的竞争越来越激烈。在巴西，意大利移民在 1990 年涌入让比萨成为当地菜单上的常备选项。康比萨（Con Pizza）的卡洛斯·佐佩蒂（Carlos Zoppetti）认为，比萨正在获得更多的关注，这得益于厨师们尝试使用新的烘焙技术和顶料。

比萨市场在美国依旧稳定增长，而在国际市场，相关企业的大规模扩张正在进行。2017—2018 年，达美乐在国际市场增加了 232 家店，必胜客新开了 192 家店，而棒约翰新开了 146 家店。达美乐在澳大利亚和印度市场发展强劲，同时在超过 88 个国家开了店。

为垄断而生的全球视野

达美乐计划在 2025 年前全球门店总数达到 2.5 万家，现在已经有近 1.6 万家店。从 2012 年到 2018 年，达美乐增加了 5612 家店。

达美乐的目标收入是 250 亿美元，稳占市场第一的位置。达美乐非常聪明地将目光转向国际市场，非美国本土比萨店收入增长快速。事实上，自 2021 年以来，达美乐全球零售额增长率从 5.8% 提高到 9.2%，而美国的增长率从 1.6% 提高到 6.6%。2012 年以后，国际销售增长已经持续超过了本土销售增长。

《零售潜水》（*Retail Dive*）杂志总结了达美乐的增长计划：

> 达美乐的目标是将其全球销售额增长两倍——它的 2017 年全球零售额为 122 亿美元——然后增加 1 万家店。对于有些快餐企业来说，这很困难，但对达美乐来说不困难，因为它已经占有了比萨行业最大的市场份额。过去几年，达美乐已经成为唯一的连续发布同店销售增长业绩的比萨连锁店，而必胜客和棒约翰公布的是销量下跌。所以，达美乐一定会走向垄断世界比萨市场的道路。

全球市场竞争策略

为增加竞争力，提高市场进入门槛，达美乐把新店放在特别靠近顾客的地方,派送速度远超竞争对手或者第三方派送公司。在很多情况下,这种策略包含重新规划派送半径,而不是增加服务范围,不然就变成开更多的店,而服务的顾客却没有增加。举例来说,在拉斯维加斯,一个原本由三家店服务的地区,被重新规划为由四家店提供服务。这个规划过程看起来更像国会根据人口多少重新为城市划区。

新店进入附近的区域,已有的店担心自己的销量减少,达美乐就把新店设置得尽量远一些,结果同一地区的总销量上升了。

通过这些措施,达美乐使顾客享受到更好的服务,派送司机能够在更短的时间内完成更多的派送任务。由于变得更加方便,顾客上门自取的订单也增加了。就这样,达美乐轻松地获得稳定的利润,而且比萨市场的竞争壁垒也高了很多。由于达美乐出色的服务,以及推出忠诚顾客计划,对于新进入这个市场的企业来说,面临巨大的困难。达美乐在印度市场展示了这一点,其中一个主要竞争者被迫退出市场,因为它无法冲破达美乐设下的市场壁垒。很简单,它根本没有竞争力,只好把店都关了。

在英国,达美乐的这一策略也成功了。在埃克塞特,达美乐增加了一家店,店的总数达到三家,由于缩短派送时间，总销量上升了。从2013年到2018年，达美乐在当地的销售量增长了106.5%。同样的结果在诺丁汉也出现了，自2013年以来，达美乐在当地增加了4家店，这个区域的总销量从2013年到2018年，增长了76.8%。这个增长背后最大的原因是，达美乐平均派送时长为23.9分钟——很少有竞争者能达到这个水平。

在增加门店后，达美乐在两个英国城市持续取得双位数的业绩增长。达美乐在埃克塞特平均每周销售量增长14.5%，在诺丁汉从2015年到2018年增长22.6%。从长远来说，建立市场壁垒被证实在驱逐竞争者和增加顾客对品牌的忠诚度方面特别有用。

国际竞争

当美国和国际比萨连锁企业都在抢夺同样的顾客的时候，非比萨餐饮企业也试图在这个市场分一杯羹。优步食客（Uber Eats）、格鲁哈波（GrubHub）、多得歇（DoorDash）等平台的出现，让大大小小的公司更容易参与竞争。在美国国外，印度的斯威吉（Swiggy）和中国的美团也是送餐公司。

达美乐对国际市场的增长充满信心，它在比萨派送领域处于市场领导者的地位。《福布斯》报道，食物派送市场仍然有增长潜力，因为目前只有11%的世界人口使用食物派送平台的服务。

到2025年，在线食物派送市场将价值2000亿美元……2018年，企业增长咨询公司弗若斯特沙利文（Frost & Sullivan）表示，这个行业的毛收入记录是820亿美元，到2025年将超过一倍，复合增长率达到14%。

如果达美乐持续将重点放在增加顾客流量和下单上，正如它一直以来的做法，它应该可以达到自己的目标。

> **达美乐对国际市场的增长充满信心，它在比萨派送领域处于市场领导者的地位。《福布斯》报道，食物派送市场仍然有增长潜力，因为目前只有11%的世界人口可以使用食物派送平台的服务。**

财务表现

国际扩张让达美乐实现了收入增长，看一看达美乐的股票的表现就可以对这家公司一直以来的表现，以及它将如何发展一目了然。2004年7月，达美乐在纽约股票市场上市，股票代码是DPZ，最初的股价为每股14.10美元。但是，它的股价第一天就跌了，因为市场不感兴趣。在接下来的几年里，它的股价增长很缓慢，在2007年升到每股33美元的高位，在2008年跌到了每股3.03美元。这是受经济衰退的影响，当时美国住房市场泡沫破碎。那时是美国经济的低点，也是达美乐的低点，而变化即将发生。

正当达美乐的股票价格开始回升的时候，2009年的恶搞视频让其再次下跌。幸运的是，坏消息之后马上来了好消息——2009年年底，达美乐对自己乏善可陈的比萨彻底进行改良。当时的广告策划和顾客对新比萨味道的正向反馈，让达美乐的股票在2012年升至每股39美元。

一系列聪明的决定让达美乐的股票价格攀升得更高，它把"比萨"这个词从公司标识中去掉，因为它在菜单中加了三明治、鸡肉及甜品，而且应用新技术来改善运营，把公司定位为一家科技公司，而不是一个成熟的餐饮服务市场的运营者。2016年3月，达美乐发布了鼓舞人心的财务报告，新闻报道描述达美乐已经成为手机端科技应用的一个众人皆知的领导者，它的股价再次攀升。截至 2017 年，它的股票价格升至每股 212 美元。

即便扭转局面的大师帕特里克·多伊尔在 2018 年 6 月宣布他将不再担任达美乐的首席执行官后，达美乐的股票价格依旧继续上涨。达美乐的股票价格在 2018 年稍微下跌到每股 173 美元，之后持续上涨。2020 年 4 月，即便受到全球新冠肺炎疫情的影响，它的价格仍达到每股 383 美元的高位。在人们居家隔离期间，食物自取和派送服务显得更加重要，看起来达美乐成为从疫情中受益的企业之一。人们被迫留在家中，而下单买比萨让生活好像有了点儿正常的感觉。

财经媒体 Motley Fool 报道，从 2010 年到 2020 年，达美乐的股票价格上升了 2200%，它有财务资源来抵抗由于全球性疫情带来的经济下滑局面。当然，企业运营的高效率、能够收集大量数据，并且有能力从数据中找到自身需要改变或者市场变化的线索，以及对创新的追求，让达美乐在未来几年中能够继续保持成功。

结　语

商业教训和机会

达美乐从一个小小的比萨店，成为一个区域玩家，再到一个全国性品牌，甚至全球快餐行业领导者的过程，为创业者和企业家提供了很多经验教训。汤姆·莫纳汉将企业操守和承诺注入达美乐，在开设第一家店的50年间，一直探索采用最佳商业运作方式去运营企业。

有一件事莫纳汉和他的公司从第一天就做得非常好，那就是对最初推出的产品高度重视。不像其他公司在发展过程中，不断开发新产品，达美乐在烘焙和派送方面始终努力做到最好。为实现这个目标，并为顾客提供愉悦的体验，它持续不断地投资于科技开发。

达美乐在发展过程中做的一些决定，为所有希望提高运营能力的企业提供了一个有用的学习清单。下面是一些学习重点：

让世人知道关于你的一件事，无论是一个产品、品牌，还是优点，在你的生意中找到一个发力点。对达美乐来说，这个发力点就是派送比萨。虽然买比萨是一件很容易的事，但当地的比萨店很少承诺快速派送。这对于餐饮业来说，是尚未被大规模采用的一个便利措施，它轻易促使达美乐成为比萨派送方面的市场领导者。通过这个聪明的决定，达美乐也获得"第一人轻易抢占市场"的先机，也就是说，只要成为第一人，就可以抢占市场的很大份额。

对企业重复投资，越早越好。在达美乐发展的早期，莫纳汉过着非常朴素的生活。在结婚后，他和妻子仍然住在一辆拖车里，这样才可以把收入的绝大部分重新投资在生意中。随着企业发展，他一直保持这种习惯；即便在经济萧条的时候，达美乐也有充足的财务资源。

不像其他公司过度投资在房地产或者办公设施上，达美乐让一切简化。莫纳汉租或者买偏僻的场所来开比萨店，因为达美乐只需烘焙和包装比萨的地方，而不是一个食堂或者吃饭的地方。保持足够的现金让莫纳汉有钱去买其他比萨店，他一有机会就投资购买设备，以及尝试新想法。通过把钱用于公司发展，莫纳汉创造了一种自给自足的文化，在公司内部形成自主决策的习惯。

知道顾客在哪里。达美乐比大多数比萨连锁企业更了解自己的顾客。从第一天开始，这就是它的核心竞争力。最早，饥饿的大学生是它的主要服务目标。莫纳汉曾经表示，他了解几乎所有美国大学的学生宿舍的容量。这个信息对他开展业务很重要，因为大学的学生宿舍是他最好的顾客居住的地方。

那些数据极大地促进了达美乐的扩张，先是从攻克其他大学城开始，然后根据人口数量逐步攻克世界上其他地方。事实上，数据对达美乐一直都很重要。达美乐一直都是一个由数据驱动的公司。由数据形成的商业决策，降低了基于本能或者感觉做出决定的风险。顾客的意见让达美乐成为说一不二的行业强者。

除在财务上保守外，莫纳汉迷上了效率。他执着追求运营效率，设立中央供应系统，设计设备来加速比萨烘焙过程，以及自行开发把奶酪更快地放到比萨上的流程。

中央供应系统简直就是天才之作，它让达美乐在购买原材料时能够获得更低的价格，因为它可以大量进货，供应给几家门店。中心店为一定地理半径内的达美乐门店供应原材料。通过把原材料集中在中心店，达美乐降低了每个门店所需的储物空间。派送范围是固定的，这也保证了食材是新鲜的。

莫纳汉对"大红炉"的投资——当时世界上最大的比萨烤炉——就是最早的投资设备、改进运营的例子。那个烤炉有非常大的容量，可以同时烤90张比萨。

> **莫纳汉对'大红炉'的投资——当时世界上最大的比萨烤炉——就是最早的投资设备、改进运营的例子。那个烤炉有非常大的容量，可以同时烤90张比萨。**

莫纳汉知道每个人都可以通过努力来提高工作效率。根据自己制作比萨的经验，他开发出一套"手洒奶酪"的技巧，可以将奶酪快速且轻松地洒上去，让比萨生产过程能够高效推进。在寻找提升工作效率的机会时，达美乐发现更多的方法去持续改善内部运营。那些高效的改良措施毫无疑问提升了它的利润。

研究竞争对手。 莫纳汉在开发达美乐比萨的时候,曾前往 300 家比萨店,品尝对方的产品,探究其陈设空间,学习对方的工作流程。他想知道每家店哪些方面做得好,以及哪些方面需要改善,这样他就可以把最好的方法用于自己公司的运营。

收集竞争对手的情报可以让一家公司快速进步,因为这样做可以找到目前行业最佳的运营方式,并且采用它去打造一个企业和一种文化,做到最佳。假如不研究其他企业目前的运营方式并思考如何做得更好,那你就无法成为最好。莫纳汉做到了这一点,他在运营各个方面几乎都做到了。

关注流量,而不是下单金额。 很多快餐企业关注顾客下单金额的大小,而达美乐正相反,一直关注顾客流量或下单数量。这使它实现了在过去五年内两位数的增长。不像其他快餐品牌,顾客流量一直下降,达美乐在 2017 年实现顾客下单量增长 7.4%,下单金额增长 3.1%。这个方法很有效,因为能够吸引更多的顾客就意味着将来可能实现销量的持续增长。

投资于科技研发。 达美乐的主要优势就是大量投资于科技研发。一开始，它就明白科技为企业快速增长和提高效率带来能量。达美乐投资于可以捕捉并分析数据的系统，在有需要的时候可以灵活调整，以回应数据体现出来的市场趋势。应用新技术让达美乐与顾客之间的联系更紧密，达美乐收集了大量信息，包括顾客的订单、下单频率、喜欢送货上门还是自提、顾客的地址及其他信息。这些数据使达美乐能够不断提高顾客的忠诚度，使其不惧竞争者的挑战。

对系统保持控制权，产生优势。达美乐放弃在市场上大受欢迎的销售终端信息系统，自己开发销售终端信息系统。那个时候，竞争对手嘲笑它为此投资，纷纷选择去使用或修改市场上已有的销售终端信息系统，因为可以将其快速提供给特许经营者。但是，通过建立自己的系统，达美乐对所有顾客数据和内部运营数据能够进行控制。

其他比萨企业对第三方科技企业可以获取自己的数据并不在意，而达美乐对此十分敏感。很多企业事后对达美乐的决定赞扬不已。

当提出改变时，每次只修改一个要素。达美乐在经济衰退时对菜单做的改变，正是一个企图同时改变很多运营要素的企业受到的很好的教训。那个时候，达美乐的特许经营者想方设法减少运营成本并提升利润，不同的小组从各个方面来降低成本。一个小组努力通过改变配料来降低面团成本，另一个小组想办法降低奶酪和顶料的成本。当把所有的改变堆砌在一起的时候，出来的产品更像一个恶搞比萨。顾客发现了这一点。

当顾客的投诉像潮水一样涌来的时候，达美乐往后退了一步，去评估它的产品和生产流程，发现了原因所在。比萨成本的确降低了，但顾客收到的是品味欠佳的比萨，这让达美乐很尴尬，唯一的解决方案就是从头再来。达美乐把这件事当作一个机会——一个创造前所未有的最好的比萨的机会。而问题产生的主要原因在于，对生产要素同时做出了太多改变。

避免与政治和宗教发生关联。很多企业很晚才发现，当一个生意人公开支持一个有争议的话题，或者发表有争议的言论时，顾客将如何快速反应。这种情况在20世纪80年代末期特别明显，在今天依然存在。

作为一个忠实的天主教徒，莫纳汉闻名遐迩，人们对他的宗教信仰表示尊重。但是，当个人观点掺杂到生意中时，他为达美乐带来了难以克服的困难。莫纳汉个人反对女性堕胎，使一个原本准备在达美乐农场举行的活动被取消。全国妇女组织被激怒，发起了全国性的抵制达美乐的活动。

达美乐销售下降让莫纳汉受到打击，以至于他决定在1989年出售达美乐，让自己远离争议。假如他没有在这个富有争议的话题上如此明确地公开表态，那么整个事件完全可以避免。

提高市场进入门槛。达美乐在全球非常擅长的一个市场营销策略就是提高比萨市场进入门槛，或者说，在同一地区增加更多的门店来提升顾客的满意度。通过提供最佳的顾客服务，达美乐加强了和顾客的联系，这样一来，新的竞争者就很难成功。

当然，这种策略不好的一面就是，潜在的销售额被抵消，增加门店可能只是服务已有的顾客。也就是说，成本提高后销量却没有上升。不过，达美乐还没有遇到这种情况，这就是达美乐仍然在使用这个策略的原因。